Javier Cáceres, geboren 1970 in Santiago de Chile, ist seit 2002 Journalist bei der *Süddeutschen Zeitung*, er war Korrespondent in Madrid und Brüssel. 2006 veröffentlichte er das Buch *Fútbol. Spaniens Leidenschaft.* Heute lebt er in Berlin.

JAVIER CÁCERES

# TORE WIE GEMALT

INSEL

Ein Teil des Erlöses aus diesem Buch kommt
**COMMON GOAL** zugute

Klimaneutral
Druckprodukt
ClimatePartner.com/14438-2110-1001

2. Auflage 2024

Erste Auflage 2024
Originalausgabe

Umschlaggestaltung: Brian Barth, Berlin, unter Verwendung
einer Zeichnung von Pelé
Satz: Dörlemann Satz, Lemförde
Foto S. 293 Mitte: © Hannah Siegl
Druck: optimal media GmbH, Röbel/Müritz
Printed in Germany
ISBN 978-3-458-64444-6

www.insel-verlag.de

# TORE WIE GEMALT

# VORWORT

## von Jorge Valdano

*In gewisser Weise funktioniert dieses Spiel wie Schach. Auch dort können Königinnen und Läufer, Türme und Springer uns in ein vergessenes Mittelalter zurückversetzen, aber das Einzige, was am Ende zählt, ist der Tod des Königs, das Schachmatt. Und das Schachmatt wird im Fußball „Tor" genannt.*

Vladimir Dimitrijević
*(Das Leben ist ein runder Ball)*

Was ist ein Tor, wenn nicht ein Epilog? Alles andere ist Kontext. Was wir „spielen" nennen, sind elf Typen, die eine Zeit lang versuchen, dem Spiel eine Wendung zu geben, um ein Tor zu schießen, und die restliche Zeit versuchen zu verhindern, dass der Gegner ein Tor schießt. Diese beiden Probleme, die wir auf dem Rasen lösen müssen, nennen wir Fußball. Der ganze Rest sind Abschweifungen, wenngleich ihnen gute Absichten innewohnen. Das Ablenken, das Täuschen, das Innehalten, um zu warten, bis sich ein Raum auftut, oder das Vergeuden von Zeit, um mit dem Nervenkostüm des Gegners zu spielen, die Hast, um die eigenen Fans zu entzünden – das ist alles nur Füllmasse. Ein Bewegen der Figuren, um ein Schachmatt vorzubereiten.
Wie gut die Idee von Javier, die Protagonisten den Weg zu einem bedeutsamen Tor zeichnen zu lassen. Also das Gegenteil dessen zu tun, was Enrico „Chueco" García, einer der teuflischsten Linksfüßer des argentinischen Fußballs, einst tat: Es heißt, dass

er einmal vor einem Tor die halbe gegnerische Mannschaft ausgedribbelt hatte und danach exakt den gleichen Weg zurücklief – aber dabei die Füße über den Boden schleifen ließ. Auf die Frage, warum er das getan hatte, antwortete er, er habe die Spuren verwischen wollen. Ich bin mir sicher: Wäre „el Chueco" auf Javier gestoßen, hätte er gewiss trotzdem eingewilligt, das Tor, das er mit dem Fuß gezeichnet hatte, mit der Hand zu malen.
Einmal wurde ein 12-jähriger kolumbianischer Junge gefragt, was er denke, wenn er ein Tor schieße, und seine Antwort lautete: „Mein Kopf ist einzig mit Freude ausgefüllt." Wenn die Freude überschwappt, bringt sie uns dazu, irgendwohin zu laufen, und zwar nicht weil wir es eilig hätten. Sondern weil dies der seltsame Weg ist, um der Freude Ausdruck zu verleihen. Eine Variante ist, von einem Berg an Spielern der eigenen Mannschaft erdrückt zu werden, die wie von Sinnen schreien, doch derjenige, der unten liegt, ist nicht derjenige, der am meisten leidet, sondern der glücklichste von allen. Das Tor verwandelt uns zurück in Kinder. Wie sonst wären die erwachsenen Männer zu erklären, die auf den Stadionzaun klettern, die Arme ausbreiten und ein kleines Flugzeug imitieren oder anfangen, mit der Eckfahne zu tanzen. Alles Beweise dafür, dass es keinen besseren Wahnsinn gibt. Es gibt auch keine stärkere Nahrung fürs Ego: Es ist gut, dass ein Tor der Mannschaft dient, aber was für eine Ehre, dass ich es war. Ich, ich, ich, Tor, Tor, Tor.

Es gibt Tore, die nicht nur im Kopf des Spielers, sondern auch im Kopf der Fans bleiben. Während der Fußballweltmeisterschaft 1990 saß ich eines Morgens in einer Mailänder Bar, las Zeitung und trank einen Kaffee. Plötzlich riss mich ein unbändiger Schrei aus der Ruhe. Ich blickte in Richtung des Lärms, und es war ein Mann, der verzweifelt „Tor" schrie. Ich schaute auf, und im Fernsehen wurde das Tor von Ghiggia bei der Fußballweltmeisterschaft 1950 wiederholt. Ein Tor, das vor 40 Jahren gefallen war! Der Mann, des Schreckens bewusst, den er uns eingejagt hatte, bat um Entschuldigung und erklärte, dass er Uruguayer sei und deshalb das Tor immer herausschreie, egal wo er gerade sei. Da ich davon ausging, dass er nie damit aufhören würde, schlug ich ihm vor, dass er beim nächsten Mal Bescheid geben sollte.

Es gibt Tore, die gemacht werden, und es gibt Tore, die zerlegt werden. In Argentinien gibt es die berühmte Geschichte von Ramón Centurión, einem Stürmer, der in den achtziger Jahren zu Boca Juniors wechselte und dort oft brillierte, ehe er plötzlich das Ziel zu verfehlen begann. Er durchlebte eine schreckliche Phase, einmal verschoss er sogar in drei aufeinanderfolgenden Spielen drei Elfmeter. Die Fans wollten ihn umbringen: wenn er schoss, weil er schoss; wenn er passte, weil er passte; wenn er dribbelte, weil er dribbelte. Er war derart in Ungnade gefallen, dass man ihm im Grunde vorwarf, Fußball zu spielen. Doch dann begab es sich, dass in der letzten Minute eines unverdaulichen 0:0-Unentschiedens ein Ball vor ihm aufsprang und er einen Haken schlug, um ihn vor sein gutes Bein zu legen und in den Winkel zu schießen. Mit dem Gefühl der Macht, das nur Tore geben können, sprang er über die Werbetafeln hinweg und fasste sich vor den Augen der lautesten und aggressivsten Fans Argentiniens an die Genitalien. Es befällt mich Traurigkeit, das Ende der Geschichte aufzuschreiben. Denn als sich Centurión umdrehte, um sich mit den Mannschaftskameraden zu umarmen, blickte er nur in mitleidige Gesichter. Der Schiedsrichter hatte das Tor wegen Abseits nicht anerkannt. Centurión musste das Stadion in einem Polizeiwagen verlassen – und trug nie wieder das Trikot von Boca. Es ist nur nachvollziehbar, aber schade, dass er nicht in der Stimmung sein dürfte, dieses Tor aufzumalen.

Tore müssen überprüft werden. Aber nicht im Stil des VAR, der neben vielen Nachteilen einen unverzeihlichen hat: den heiligen

Torschrei zu verschieben, zu unterbrechen oder gar zu ersticken. Allein aus diesem Grund hat der VAR es nicht verdient zu existieren.

Wir wissen, dass Fußball ein demokratisches Spiel ist, das großen Spielern wie Haaland, kleinen wie Messi, dünnen wie Cruyff, halbdicken wie Puskás oder halblahmen wie Garrincha Zutritt gewährt. Er unterscheidet nur zwischen den Talentierten und den Untalentierten. Aber es gibt einen weiteren demokratisierenden Prozess, der sich im Tor zeigt, der egalitärsten Aktion, die es gibt. In der Freude über das Tor gibt es keine sozialen Klassen, keine Rassen oder Geschlechter. Auch wenn wir im Alltag lästige Beweise dafür finden, dass wir uns zu unterscheiden scheinen, so sind wir einander auf verblüffende Weise gleich, und es gibt keinen größeren Beweis dafür als die Explosion der Sinne, die man Tor nennt.
Ich habe vor langer Zeit einen Artikel gelesen, der aus der Feder des uruguayischen Journalisten Diego Lucero stammte, wenn ich mich recht erinnere. Er erzählt darin eine Geschichte, die ich für glaubwürdig halte: Ein taubstummer Spieler hatte in letzter Minute ein Tor geschossen und war auf die Tribüne geklettert, um seine Mutter zu umarmen. Und man hörte ihn deutlich sagen: „Mama, Tor." Wie sollte man das nicht glauben? Das Tor ist pures Adrenalin, es verleiht Macht, Emotion, Erleichterung, ein Gefühl der Vollendung und des befriedigten Egos, der Tapferkeit, der Großzügigkeit – und natürlich auch das Gefühl, „Mama, Tor" zu sagen und dabei zu vergessen, dass man taub ist und stumm.
Ich erinnere mich an Tore aus belanglosen Spielen, an Tore auf dem Schulhof, an Tore mit Stadtteilmannschaften, an Profitore, die nur eine gewisse Zeit überdauern, und an mein Tor schlechthin, das Tor im Finale von Mexiko 86. Bei allen habe ich etwas Ähnliches gespürt: eine Elektrizität, die Geist und Körper in den

Sekunden, die uns einzigartig machen, zum Orgasmus bringen. Das Tor ist die Herrlichkeit selbst, Punkt. In Javiers Buch sind sie gemalt, damit sie nicht nur in der Erinnerung bleiben, sondern auch auf dem Papier, auf immer und ewig.

# FRANZ BECKENBAUER

„Ich hatte bei der Weltmeisterschaft 1966 schon ein paar Tore geschossen. Zwei gegen die Schweiz, eines gegen Uruguay. Aber gegen die damalige UdSSR ist mir bei unserem 2:1-Sieg der Treffer zum 2:0 gelungen, an den ich besonders gern zurückdenke. Nicht nur, weil es ein schönes Tor war – ein Fernschuss mit links –, sondern, weil es mich in vielerlei Hinsicht stolz machte. Wir zogen ins Finale von Wembley ein. Und ich traf gegen einen Mann, der damals schon eine lebende Legende war: Lew Jaschin!“

**WM 1966**
**Halbfinale, 25.7.1966**
**Goodison Park, Liverpool, England**
**Deutschland – UdSSR 2:1**

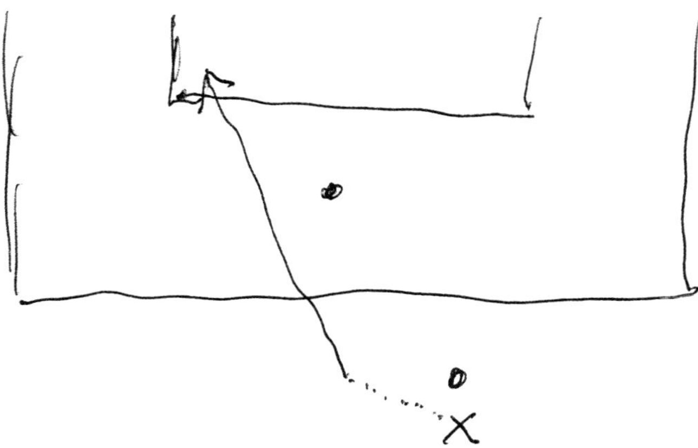

# ELÍAS FIGUEROA

„Mir ist ein Treffer gelungen, der in Brasilien das ‚erleuchtete Tor' genannt wird. Ich spielte damals für Internacional Porto Alegre, es ging gegen Cruzeiro Belo Horizonte. Warum es ‚das erleuchtete Tor' heißt? Weil über dem ganzen Rasen ein Schatten lag und genau in dem Moment, in dem ich mich im Strafraum zum Kopfball hochschraubte, ein Sonnenstrahl auf mich fiel. Es war das einzige Tor des Spiels, und Internacional wurde erstmals brasilianischer Meister. In Brasilien gibt es einen starken Mystizismus. Nach dem Tor brachten Frauen ihre kranken Kinder zu mir, damit ich sie segne. Und ich musste viele schwangere Bäuche streicheln."

---

**Campeonato Brasileiro 1974/75**
**Série A, Finale, 14.12.1975**
**Estádio Beira-Río, Porto Alegre, Brasilien**
**Internacional de Porto Alegre –**
**Cruzeiro Belo Horizonte 1:0**

Con un dibujo de

[illegible]

08-01-2014.

# AÍLTON

„Ich habe zwei Tore, an die ich mich gern zurückerinnere, beide mit Werder Bremen. Eins gegen Bochum aus der Saison 2003/04, weil es ein so schöner Lupfer war, nach einem tollen Hackentrick von Ivan Klasnić. Und das Tor gegen die Bayern, als wir ein paar Monate später in München den Meistertitel perfekt machten. Frankie Baumann hatte den Ball an der Mittellinie erobert und auf Tim Borowski gepasst. Die Bayern standen in einer Viererkette in der Abwehr, unter ihnen Thomas Linke, und der war völlig überrascht, dass ich nach dem Ball lief. Er hatte wohl mit einem Pass auf Fabian Ernst oder Klasnić gerechnet, die auf der anderen Seite standen. Aber Tim spielte den Ball auf mich! Ich kam von rechts, zog an Linke vorbei und zirkelte den Ball aus zwanzig Metern mit dem Innenrist ins Tor. Oliver Kahn hatte keine Chance."

---

**Bundesliga 2003/04**
**32. Spieltag, 8.5.2004**
**Olympiastadion, München, Deutschland**
**FC Bayern – Werder Bremen 1:3**

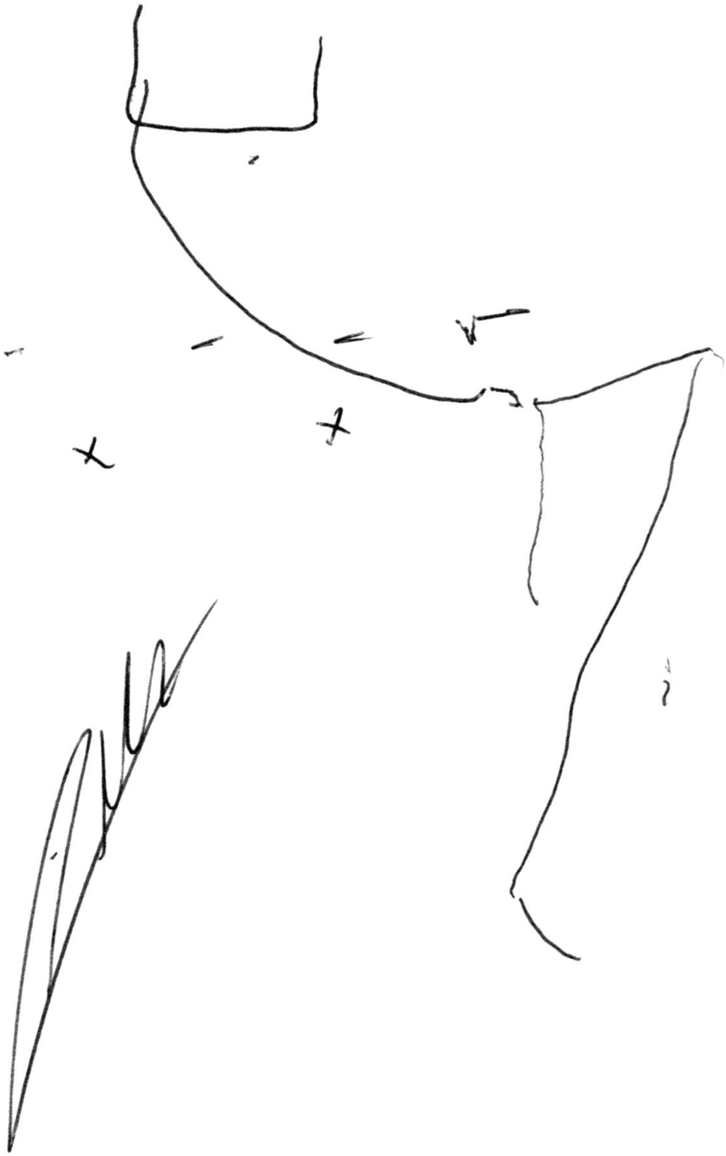

# CARLES PUYOL

„Ich habe zwei nahezu identische Kopfballtore geschossen. Jeweils nach Vorarbeit von Xavi. Eines im Halbfinale der WM 2010 gegen Deutschland. Und eines im Bernabéu-Stadion gegen Real Madrid. Das hier ist das gegen Real Madrid. Woran man das erkennt? Gegen Deutschland traf ich nach einer Ecke, gegen Real Madrid nach einem Freistoß – sozusagen eine etwas kürzere Ecke.“

---

**Spanische Meisterschaft 2008/09**
**31. Spieltag, 2.5.2009**
**Estadio Santiago Bernabéu, Madrid, Spanien**
**Real Madrid – FC Barcelona 2:6**

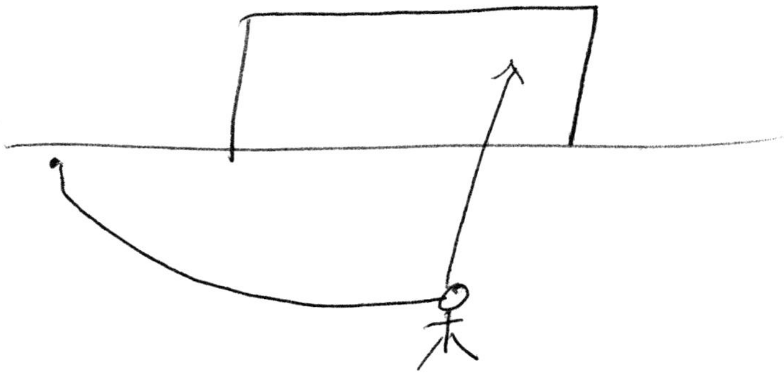

# MARCO VAN BASTEN

» Es passierte einfach. Alles fügte sich, ohne dass ich groß darüber nachgedacht hätte. Als die Flanke von Arnold Mühren kam, dachte ich: ‚Wie werde ich diesen Ball nur wieder los?' Ich war müde, und die Flanke war schwer zu verarbeiten. Statt weitere Energie zu verlieren, probiere ich es einfach – und schieße. Ich hatte keine echte Ahnung davon, wo ich stand, wo mein Gegenspieler oder Torwart Rinat Dassajew standen. Und dann flog der Ball in einem perfekten Winkel in die perfekte Richtung. Ich wusste sofort, dass es ein schönes Tor gewesen war. Aber das war mir in dem Moment nicht wichtig. Es ging darum, mit den Niederlanden den ersten großen Titel zu gewinnen. Das Verrückte war: Vielleicht hätte ich den Ball nicht so perfekt getroffen, wenn ich nicht verletzt gewesen wäre. Ich hatte zwei Knöcheloperationen hinter mir. 1986 wurde ich am linken Knöchel wegen einer Verletzung operiert, die man in der Ballettszene ‚Tänzerferse' nennt. Im Herbst 1987 musste ich auch rechts operiert werden, kurz nach meinem Wechsel zum AC Milan. Ich hatte wohl einen Bänderriss erlitten, der nicht er-

**EM 1988**
**Finale, 25.6.1988**
**Olympiastadion, München, Deutschland**
**Niederlande – UdSSR 2:0**

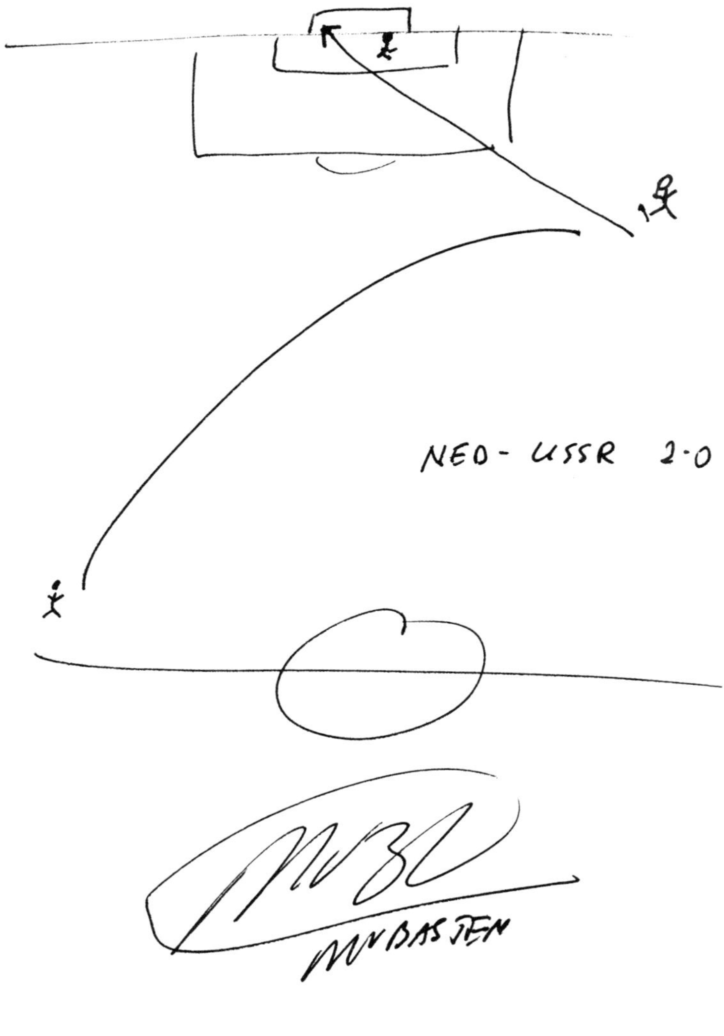
NED - USSR 2-0
MVBASTEN

kannt worden war. Das führte zu Fehlstellungen, zu Knochenabsplitterungen und Knorpelschäden. Ich wurde erst kurz vor der EM fit. Also: fit genug, um zu spielen. Und um zu treffen."

# JIMMY HARTWIG

„HSV – Bayern München. Ecke. Hier stand einer, hier stand einer, hier stand einer, hier stand einer. Hier stand Jimmy. Alles war gedeckt. Der Ball kam schön rein. Ich heb' ihn über diesen einen Spieler hinüber – und hau' ihn in den Winkel. Das *musst* du dir bei YouTube angucken!“

---

**Bundesliga 1983/1984**
**31. Spieltag, 5.5.1984**
**Volksparkstadion, Hamburg, Deutschland**
**Hamburger SV – Bayern München 2:1**

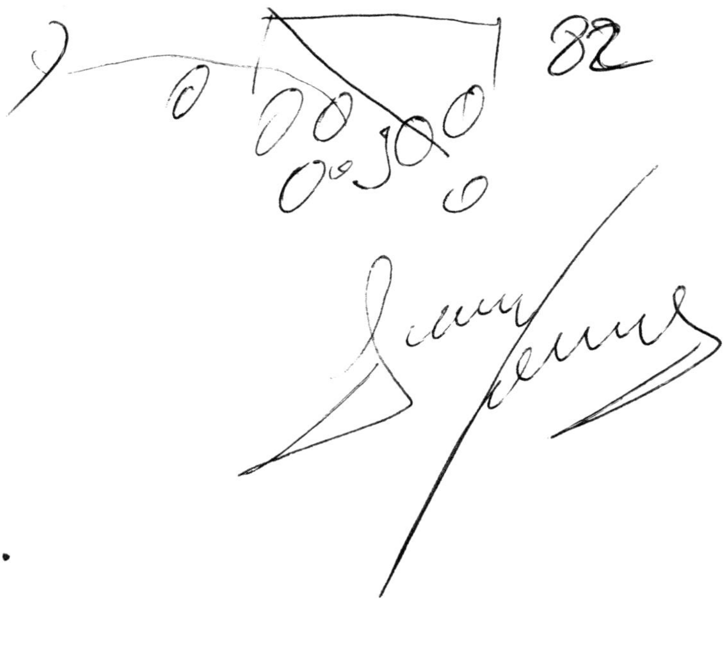
82

# GAIZKA MENDIETA

„Ich bin Baske und wurde in Bilbao geboren, deshalb war mein Tor im Estadio San Mamés für mich von besonderer Bedeutung. Denn ich hätte wahnsinnig gern für Athletic Bilbao gespielt. Es hat sich leider nie ergeben … Das Tor war aber auch deshalb wichtig, weil es gewissermaßen der Vorbote für viele andere schöne Tore war. Bis zu jenem Spiel hatte ich eher auf einer Seite und im Zweifel defensiv gespielt. Das Tor ließ die Idee wachsen, dass ich auch andere Dinge machen könnte. Wie das Tor war? Ich hatte den Ball im Mittelfeld erobert und wollte anfangs eigentlich nur vorankommen, gegnerische Linien überwinden. Je näher ich dem gegnerischen Tor kam, umso dringender suchte ich nach einer Passlinie oder nach einer Schussgelegenheit. Aber ich landete im Strafraum. Es war, als hätten mir die Abwehrspieler, die mir entgegenkamen, den Weg in den Sechzehner gewiesen … Im Strafraum hatte ich dann im Grunde keine andere Chance mehr, als zwei Haken zu schlagen. Beim letzten rutschte der Verteidiger an mir vorbei. Und dann habe ich den Ball mit dem Innenrist an den langen Pfosten gesetzt.“

---

**Primera División 1997/1998**
**25. Spieltag, 15. 2. 1998**
**Estadio de San Mamés, Bilbao, Spanien**
**Athletic Bilbao – Valencia 0:3**

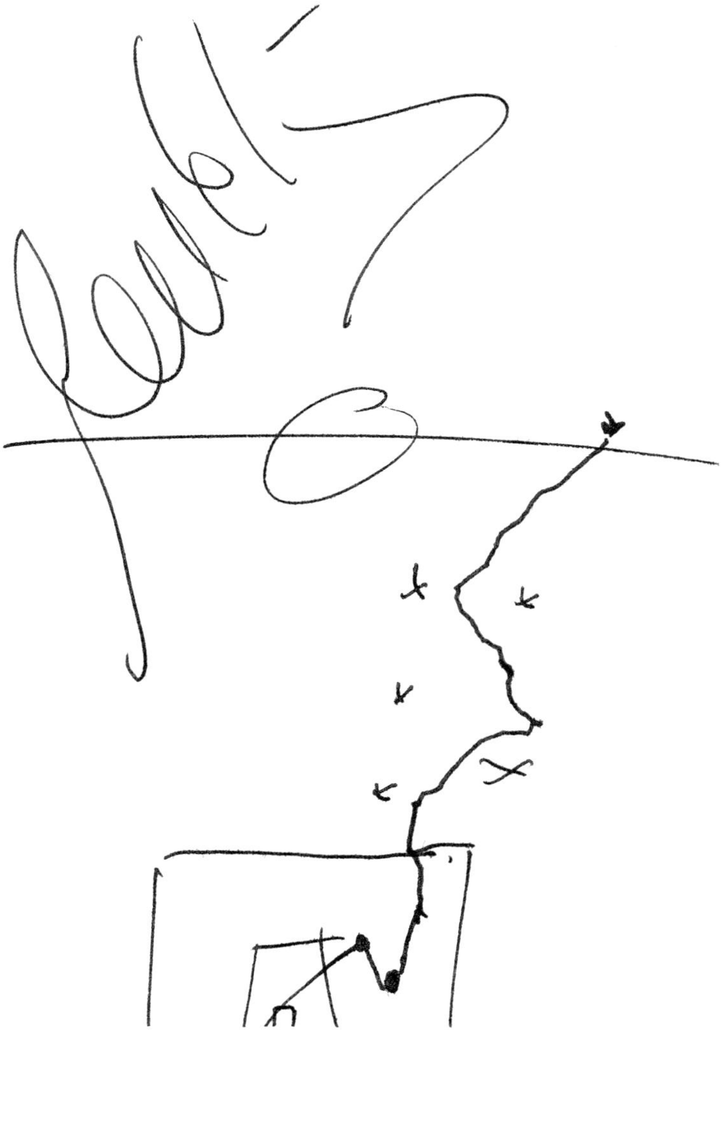

# GARY LINEKER

„Es gibt ein Tor, das mein Leben verändert hat: mein 1:0 gegen Polen bei der Weltmeisterschaft in Mexiko 1986. Gary Stevens ging über links, flankte, und ich drückte – bosh! – den Ball ins Tor. Es war deshalb das wichtigste Tor meiner Karriere, weil ich zuvor fünf Spiele oder so nicht mehr für England getroffen hatte. Unser Auftaktspiel gegen Portugal ging verloren, und gegen Marokko haben wir 0:0 gespielt. Ich war mir fast sicher, dass ich gegen Polen nicht starten würde. Ich hatte in den ersten beiden Spielen vorn mit Mark Hateley gespielt, und ich war überzeugt, unser Trainer Bobby Robson würde Peter Beardsley bringen und mich auf die Bank setzen. Beardsley war wie ich Mittelstürmer, und wir hatten niemals mit zwei Mittelstürmern gespielt! Aber dann spielten doch wir beide.
Das erste Tor hat für mich alles verändert, weil es die Dynamik des Turniers veränderte: Ich erzielte wenige Minuten nach meinem ersten Tor das zweite, und vor der Halbzeit war mein Hattrick komplett. Im weiteren Verlauf des Turniers schoss ich noch drei Tore, gewann den Goldenen Schuh als bester Schütze der WM – und wurde plötzlich zum FC Barcelona transferiert. Wäre das alles ohne dieses Tor gegen Polen passiert? Ich glaube nicht.“

---

**WM 1986**
**Vorrunde, Gruppe F, 11.6.1986**
**Estadio Tecnológico, Monterrey, Mexiko**
**England – Polen 3:0**

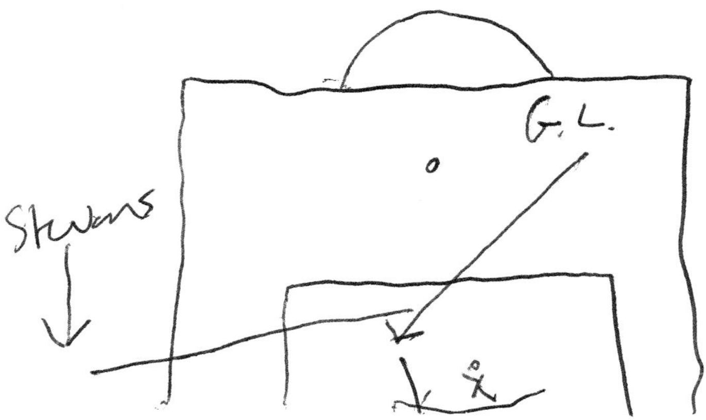
G. L.
Stevens

# MÁRCIO AMOROSO

„Zum Glück habe ich ganz viele wichtige Tore geschossen. Für mich bedeutend war ein Tor mit Guarani, 1994, gegen Santos. Der Torwart war Edinho – der Sohn von Pelé! Wir haben 4:0 gewonnen, und das Tor, das ich meine, war deshalb wichtig, weil es das Tor war, mit dem sich Márcio Amoroso dem Fußball zu erkennen gab. Ich habe den Ball in der eigenen Hälfte bekommen und bin über den halben Platz gelaufen. Fünf Verteidiger kamen auf mich zu. Als ich am Halbmond des Strafraums angekommen war, habe ich mit der Innenseite den Ball ins Tor geschoben … Ich habe hier auf meinem Handy einen Film davon gespeichert. Willst du ihn sehen?“

**Brasilianische Meisterschaft 1994**
**1. Spieltag, 27. 8. 1994**
**Estádio Brinco de Ouro da Princesa, Campinas, Brasilien**
**Guarani – Santos FC 4:0**

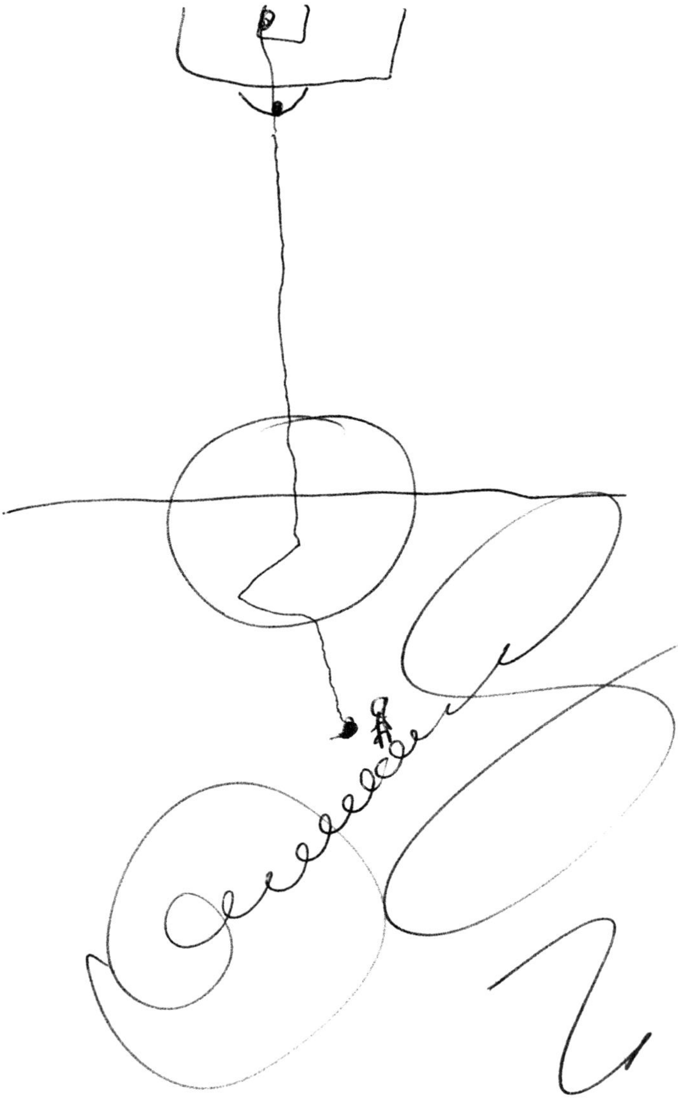

# GEORGE WEAH

„Ich habe in meiner Karriere zwei großartige Tore geschossen. Eines gegen Bayern München in der Champions League mit Paris Saint-Germain. Und ein historisches mit dem AC Milan in der italienischen Liga gegen Hellas Verona. ‚Coast to coast', von einer Küste zur anderen. Ich habe den Ball nach einer gegnerischen Ecke im eigenen Strafraum bekommen – und habe dann einen Spieler nach dem anderen ausgespielt. Auf einer Strecke von 85 Metern. Ungefähr an der Mittellinie musste ich mich um die eigene Achse drehen, weil zwei Gegner versuchten, mich zu foulen. Aber da war keiner, der mich aufhalten konnte. Das Tor zeigte, wie schnell ich war. Dass ich nie aufgab. Und wie stark ich war: Das Tor fiel zu einem Zeitpunkt [85. Minute], als alle schon müde waren. Und ja, es war ein historischer Treffer: Denn das längste Tor der Geschichte, es war ein afrikanisches Tor."

---

**Serie A 1996/1997**
**1. Spieltag, 8.9.1996**
**Stadio Giuseppe Meazza,**
**genannt „San Siro", Mailand, Italien**
**AC Milan – Hellas Verona 4:1**

Milan

vs

Verona

# MICHEL PLATINI

„Mein bestes Tor? Im Weltpokalfinale 1985 in Tokio, gegen Argentinos Juniors, mit Juventus Turin. Nach einer Ecke flog der Ball in den Strafraum, die Argentinier klärten ihn, doch Massimo Bonini köpfte ihn wieder hinein. Zu mir. Ich stand fünfzehn Meter vor dem Tor, nahm den Ball mit der Brust an, lupfte ihn über meinen Gegenspieler hinweg und schoss ihn volley in den Winkel. Im Grunde, ohne mich vom Fleck zu bewegen. Ein Spektakel von Tor! Aber ich kann es nicht malen. Warum nicht? Weil der Schiedsrichter [Volker Roth aus Deutschland] es einfach aberkannt hat!!!“

**Weltpokal 1985**
**Finale, 8.12.1985**
**Nationalstadion, Tokio, Japan**
**Juventus Turin – Argentinos Juniors 2:2 (4:2 i. E.)**

# JOSÉ LUIS BROWN

„Ich schoss ein Tor im WM-Finale von 1986. José Luis Cuciuffo war auf der rechten Seite gefoult worden. Jorge Burruchaga schlug eine Freistoßflanke in den Strafraum – mit dem Innenrist. Noch während ich anlief, sah ich, wie Toni Schumacher aus dem Tor herauskam – und nach Trauben griff. Ich weiß noch, wie ich sofort nach meinem Kopfstoß abdrehte und nach links an die Seitenlinie lief, um zu jubeln. Ohne zu warten, bis der Ball im Tor war. Weil ich sicher war, dass er drin sein würde. Ich habe Schumacher bei der WM 2006 in Deutschland getroffen. Da kam er auf mich zu und sagte: ‚Dich hab ich ganz schön berühmt gemacht!'"

---

**WM 1986**
**Finale, 29.6.1986**
**Estadio Azteca, Mexiko-Stadt, Mexiko**
**Argentinien – Deutschland 3:2**

# GERD MÜLLER

„Es gab schönere Tore. Aber mein wichtigstes war natürlich das 2:1 – das Tor, mit dem wir 1974 im Münchner Olympiastadion Weltmeister wurden. Da war ein Doppelpass von Jürgen Grabowski und Rainer Bonhof, und Bonhof ist dann steil gegangen und hat den Ball reingegeben. Ich hab ihn mir mit links vorgelegt, und die drei Holländer sind nach vorne gelaufen. Ja, und dann war er drin.“

---

**WM 1974**
**Finale, 7.7.1974**
**Olympiastadion, München, Deutschland**
**Deutschland – Niederlande 2:1**

# MÁRCIO SANTOS

„Ich habe in Europa auch viele Tore erzielt. In Frankreich, in Italien, in Holland. Aber bei einer WM für Brasilien ein Tor zu erzielen, ist noch spezieller. Es war beim 3:0 gegen Kamerun, bei der WM 1994. Dunga spielte den Ball hinaus auf Jorginho, und der flankte in den Strafraum. Ich stand ungedeckt am Fünfmeterraum – und traf per Kopf."

**WM 1994**
**Vorrunde, Gruppe B, 24.6.1994**
**Stanford Stadium, Stanford, USA**
**Brasilien – Kamerun 3:0**

# JULIO RICARDO „RICKY“ VILLA

» Viele Engländer glauben, dass ich in meiner Karriere ein einziges Spiel und ein einziges Tor gemacht habe. Was ja auch ein wenig über die Engländer erzählt – über ihre Beziehung zum FA Cup und zu Wembley und auch darüber, wie sie ihre Geschichte achten. Für sie ist ein Tor in einem FA-Cup-Finale das Nonplusultra.

Unser Finale gegen Manchester City war nicht irgendein FA-Cup-Finale, sondern das hundertste der Geschichte. Deshalb hat das Tor für mich auch fast die gleiche Wichtigkeit wie unser Sieg bei der Weltmeisterschaft in Argentinien 1978. Bei der WM war ich aber keiner der Hauptdarsteller, sondern habe nur zwei Halbzeiten gespielt. In Wembley hingegen? Habe ich ein Siegtor geschossen, und das verschafft mir immer noch eine kaum zu erklärende Freude.

Wie das Tor war? Ich war als Fußballer immer von der Idee getragen, dass ich den Ball passen konnte, sobald ich einen Gegenspieler ausdribbelte. Darauf beruhte mein Spiel. Im Fußball spielen immer zehn Feldspieler gegen zehn, und wenn man einen aus dem Spiel nimmt, sind es nur noch neun gegen zehn – reine

---

**FA Cup 1980/81**
**Finale (Wiederholungsspiel), 14.5.1981**
**Wembley (old), London, Großbritannien**
**Tottenham Hotspur – Manchester City 3:2 (n. V.)**

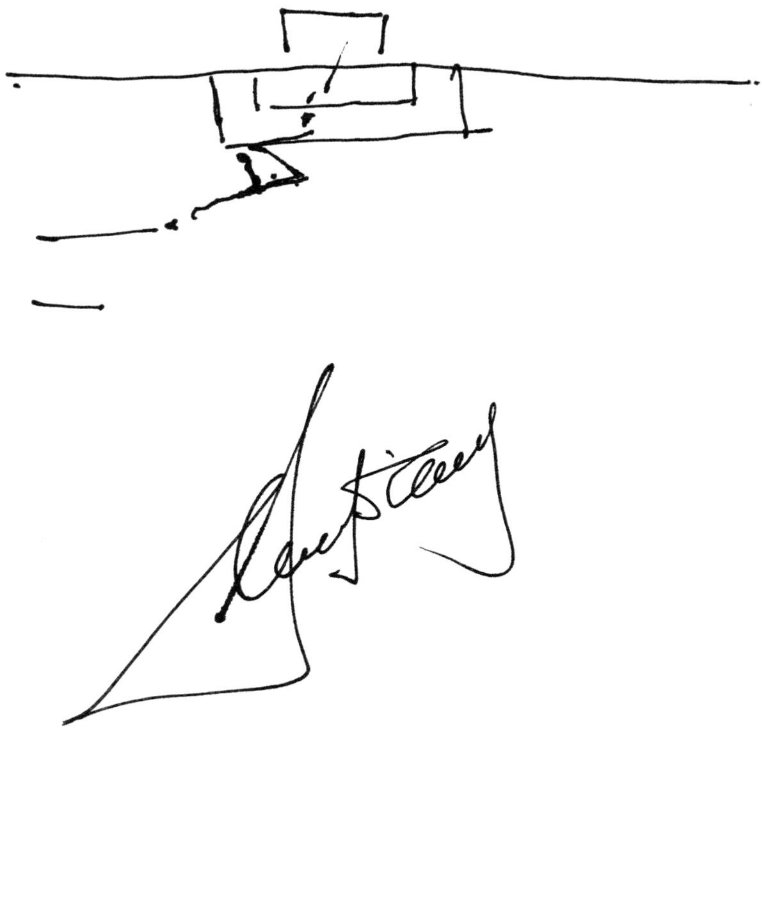

Arithmetik. Deshalb habe ich auch nie darüber nachgedacht, wie ein Spielzug enden sollte, wenn ich den Ball bekam. Auch hier nicht: Ich wollte nur nach vorne, in Richtung des gegnerischen Tores laufen. Nichts anderes ist damals passiert: Ich habe den Ball etwa 25 Meter vor dem gegnerischen Tor bekommen, habe angefangen zu dribbeln und hatte gar nicht mehr viel Kontrolle, als ich in der Nähe des City-Tores stand. Die Räume waren enger geworden, je tiefer ich in den Strafraum eindrang. Bis ich schoss – und zum 3:2 traf, zum Pokalsieg. Die Engländer in unserem Team und auf den Tribünen hatten mir unterwegs immer zugerufen: ‚Shoot, Ricky, shoot!' Und es begab sich, dass der Kommentator dafür berühmt wurde, dass er rief: ‚Villa. And still Ricky Villa ...!' Auch er muss überrascht gewesen sein, dass ich mit dem Schuss zögerte – und ein sehr südamerikanisches Tor im englischen Fußball erzielte."

# RAYMOND KOPA

„Ich habe in 45 Spielen für Frankreich 18 Tore geschossen. Obwohl meine Mission eigentlich darin bestand, Tore vorzubereiten. Nicht, sie zu schießen. Das Tor meiner Karriere? Vielleicht der Elfmetertreffer aus der WM 1954, zum 3:2-Sieg gegen Mexiko. Gegen Antonio Carbajal. Der Ball flog so hinein – mit Effet in den Winkel.“

**WM 1954**
**Vorrunde, Gruppe 1, 19.6.1954**
**Stade des Charmilles, Genf, Schweiz**
**Frankreich – Mexiko 3:2**

# XAVI HERNÁNDEZ

„Ich hatte Ronaldinho im Halbfeld gesehen und habe dann, als ich ihm den Ball zugespielt hatte, das getan, was ich immer tat, wenn Ronaldinho – oder später Leo Messi – am Ball war: Ich orientierte mich in Richtung gegnerischen Strafraum. Denn wenn Ronaldinho oder Leo am Ball waren, wusste ich: Gleich passiert etwas ... Bei dem Tor, das ich meine, lupfte Ronaldinho den Ball in den Strafraum. Iker Casillas kam heraus und versuchte noch, den Winkel zu verkürzen. Aber ehe er in meine Nähe gekommen war, konnte ich den Ball über ihn hinweg ins Tor heben. Es war, ehrlich gesagt, ein großartiges Tor. Und es war auch noch das Siegtor zum 2:1 gegen Real Madrid, wenige Minuten vor Schluss ...“

---

**Spanische Liga 2003/04**
**18. Spieltag, 25.4.2004**
**Estadio Santiago Bernabéu, Madrid**
**Real Madrid – FC Barcelona 1:2**

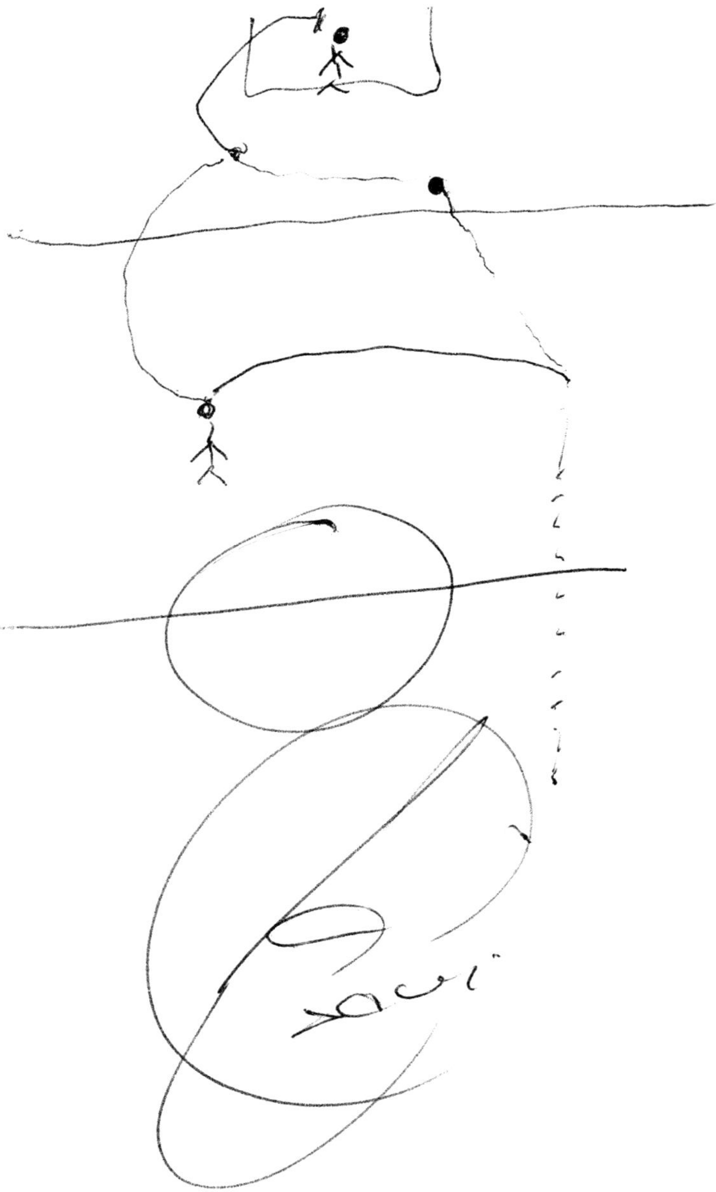

# JORGE CARRASCOSA

„Ich habe nicht an der Weltmeisterschaft 1978 teilgenommen. Ich bin 1977 aus der Nationalmannschaft zurückgetreten. Es fiel mir aus sehr vielen Gründen nicht leicht. Weil ich der Kapitän der Mannschaft war, weil man auf eine WM im eigenen Land nicht einfach so verzichtet und weil ich eine großartige Beziehung zu César [Luis Menotti] hatte, dem Trainer der Nationalmannschaft, seit wir bei Huracán zusammengearbeitet und 1973 die argentinische Meisterschaft gewonnen hatten, übrigens mit einem wunderbaren Fußball, an den sich die Menschen auch Jahre danach noch erinnerten. Ich war damals bei Huracán Césars Kapitän, und ich war das, weil ich seine Vertrauensperson war. César und ich haben immer viel miteinander geredet, über sehr viele Dinge des Lebens, und natürlich auch über meinen Verzicht auf die WM. Er hat mich, ich glaube im Januar 1978, ein letztes Mal gefragt, ob ich an meiner Entscheidung festhalten würde, nicht dabei zu sein. Ich habe Ja gesagt, und er hat das respektiert. Die Wahrheit ist, dass ich damals in einer guten Form und in einem guten Fußballer-Alter war. Ich fühlte mich gut. Aber gleichzeitig gab es auch Dinge im Umfeld des Fußballs, die dazu

---

**Freundschaftsspiel 1977**
**12.7.1977**
**Estadio Alberto Jacinto Armando, genannt „La Bombonera", Buenos Aires, Argentinien**
**Argentinien – DDR 2:0**

Para Javier con cariño y respeto

Jorge Carrascosa

führten, dass ich es ein bisschen satthatte. Es würde Stunden dauern, sie alle zu erklären. Aber ein ganz wichtiger Faktor war meine Familie. Unser zweites Kind kam 1978 zur Welt, und an der WM teilzunehmen, hätte notwendigerweise bedeutet, an einem sehr langen Trainingslager mit der Nationalmannschaft teilzunehmen. Für mich kam das nicht in Frage. Und an einer WM teilzunehmen, bedeutet, es ganz oder gar nicht zu machen. Mit hundertprozentiger Überzeugung. Andernfalls sollte man seinen Platz einem anderen überlassen. Das habe ich getan.
Dieser ganze Prozess führte dazu, dass das letzte Tor, das ich für die Nationalmannschaft erzielte, etwas ganz Besonderes war. Manchmal geschehen so unglaubliche Dinge, dass man meint, das Leben verwandle uns Menschen in ein mystisches Wesen. Und dieses Tor war unglaublich: Niemand wusste, dass es mein letztes Spiel in der Nationalmannschaft sein würde. Nur ich und der eine oder andere Familienangehörige. Und dann traf ich im Stadion von Boca Juniors gegen Ostdeutschland. Es gab einen Abpraller im Strafraum, und ich schoss den Ball ins Tor. Es war, als hätte Gott zu mir gesagt: ‚Schieß!' Ich sage immer, halb im Scherz, halb im Ernst, wenn es jemals eine Hand Gottes im Fußball gab, dann war es in unserem Spiel gegen die DDR. Denn im Nachhinein denke ich, dass irgendwo geschrieben stand, dass ich in diesem Spiel ein Tor schieße …"

# GIUSEPPE BERGOMI

„Mein schönstes Tor war mein erstes. In einem Derby gegen den AC Milan. Am 6. September 1981. In der Coppa Italia. Uns reichte ein Unentschieden. Milan führte. 92. Minute. Ein Eckstoß. Altobellis Kopfball. Und ich habe mit links ins Eck geschossen. Durch mein Tor endete das Spiel 2:2. Und später haben wir den Pokal auch gewonnen."

**Coppa Italia 1981/82**
**Gruppe 3, 6.9.1981**
**Stadio Giuseppe Meazza, genannt „San Siro", Mailand, Italien**
**Inter Mailand – AC Milan 2:2**

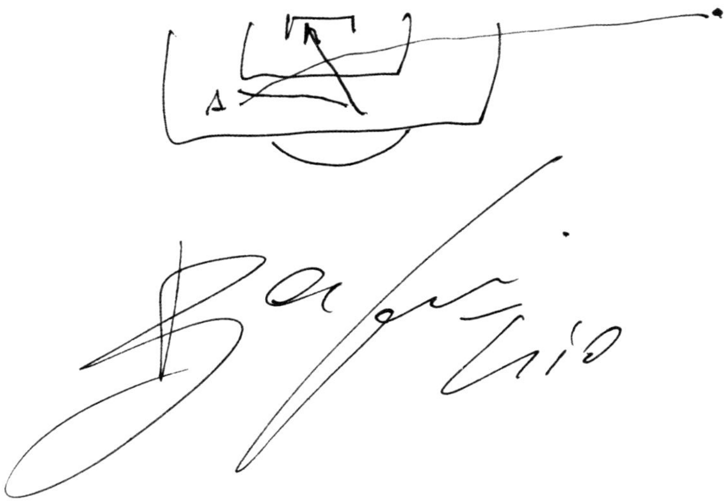

# EDINSON CAVANI

»Als ich mit 19 Jahren nach Palermo kam, war [Francesco] Guidolin Trainer. Nach einer Woche wurde er in einem Interview nach Cavani gefragt. Der ›Míster‹ sagte, dass Cavani gerade erst angekommen und noch jung sei und vieles verbessern müsse, um Spielzeit zu bekommen. Es ist normal, dass ein Trainer so etwas über einen jungen Spieler denkt, der gerade von außen dazugekommen ist. Bei mir kam es dennoch nicht gut an.

Palermo hatte neben mir einen weiteren Stürmer verpflichtet, einen Polen namens Matusiak. Er war der Star in Polen. Ich wusste, dass ich arbeiten musste, um mir einen Platz in der Mannschaft zu erobern. Aber ich wusste auch, dass ich das früher oder später schaffen würde. Ein Wochenende verging, dann kam das nächste, und an einem Freitag ist die Mannschaft ins Trainingslager gefahren, weil wir anderntags gegen Fiorentina spielen mussten … Ich war nicht im Kader. Aber dann riefen sie mich an: Matusiak hatte Fieber bekommen, also sollte ich ins Teamhotel. ›Wir brauchen dich.‹ Und das war kein größeres Problem. Ich wohnte ganz in der Nähe.

In der ersten Halbzeit bekam Roberto Guana den Ball. Als er unter Druck gesetzt wurde, machte er eine unglückliche Bewegung,

---

**Serie A, Saison 2006/07**
**28. Spieltag, 11.3.2007**
**Stadio Renzo Barbera, Palermo, Italien**
**US Palermo – Fiorentina 1:1**

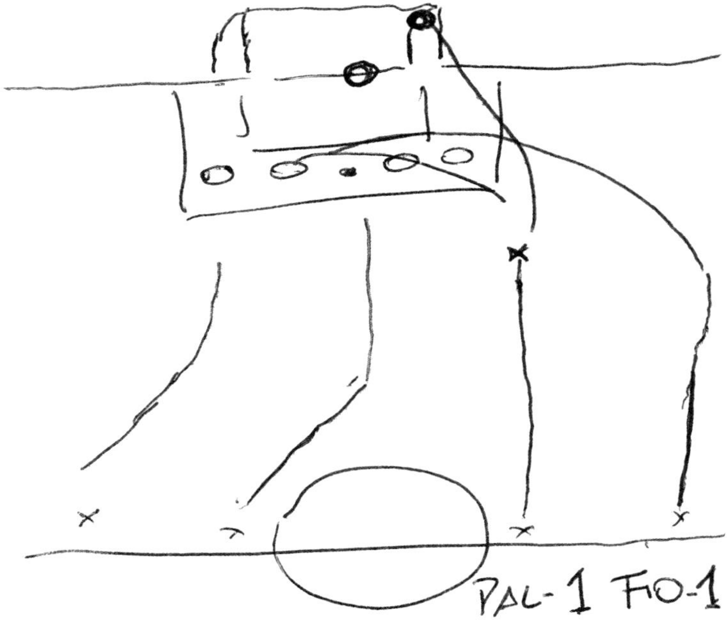


Con Cariño

um den Ball zu verteidigen. Er verletzte sich an den Adduktoren – und ging zu Boden. Fiorentina nutzte die Situation aus: Sie schnappten sich den Ball, und Adrian Mutu schoss ein Tor. Es gab ein Riesentheater, unser Trainer Guidolin flog vom Platz, weil er natürlich darüber sauer war, dass die Gegner den Ball nicht ins Aus gespielt hatten. Sein Co-Trainer, Renzo Gobbo, musste übernehmen. Ich habe mich dann in der zweiten Halbzeit hinter dem Tor warm gemacht, zusammen mit Giovanni Tedesco und Guillermo Giacomazzi. Ich genoss es, wie die Fans auf den Rängen drängten. Es war allemal besser, als zu Hause zu sitzen oder auf der Tribüne. Dann hat Gobbo die Hand gehoben. Und Giacomazzi sagte: ‚Der meint dich!' Ich konnte es kaum glauben. Und dann bin ich zur Bank gelaufen, habe die Jacke aus- und das Trikot angezogen – und wurde eingewechselt.
Wir waren eher defensiv eingestellt, denn wir hatten zwischenzeitlich auch noch einen Spieler durch eine Rote Karte verloren. Mein Tor fiel bei einem Konter: Ich glaube, es war Fiorentinas Dainelli, der eine Flanke per Kopf klärte, an das von mir aus gesehen rechte Strafraumeck. Ich kam von hinten und habe den Ball volley in den linken Winkel gejagt. Ohne zwei Mal darüber nachzudenken. Und ich wüsste nicht, wie ich erklären sollte, warum ich das so gemacht habe. Manchmal gibt es keine Erklärungen für das, was du auf dem Platz machst. Aber das Tor war in vielerlei Hinsicht wichtig: Der Trainer und auch die Mannschaft begannen, mich mit anderen Augen zu sehen. Ich wusste, dass ich auf dem Niveau mithalten konnte – vielleicht nicht, um eine ganze Saison lang Stammspieler zu sein, aber ich fühlte mich bereit. Wenn man so will, hat mir das Tor die Türen in Europa geöffnet. Es hat gezeigt, aus welchem Holz ich geschnitzt war."

# LEONEL SÁNCHEZ

„Ich habe gegen den legendären Lew Jaschin mit einem Freistoß aus derart unmöglichem Winkel getroffen, dass ich es selbst kaum glauben konnte, dass der Ball im Tor lag.
Ich war kein besonders kräftiger Spieler, weil meine Ernährung als Kind nicht gut war. Deshalb war die Technik für mich von überragender Bedeutung. Wir hatten als Kinder barfuß gespielt, und man musste den Ball schon sehr genau treffen. Mit dem Spann oder mit dem hochgeklappten großen Zeh oder wie beim Freistoß gegen Jaschin mit den drei äußeren Zehen. Ich habe den Ball genau richtig getroffen.
Dass es ein Freistoß war, war übrigens ein Skandal. Das Foul war im Strafraum gewesen. Es hätte also Elfmeter geben müssen. Das Tor blieb in Chile auch deshalb in Erinnerung, weil der Radiokommentar berühmt wurde. Denn als der Ball im Netz lag, schrie der Kommentator Julio Martínez: ‚Justicia divina, justicia divina!' Göttliche Gerechtigkeit!"

---

**WM 1962**
**Viertelfinale, 10.6.1962**
**Estadio Carlos Dittborn, Arica, Chile**
**Chile – UdSSR 2:1**

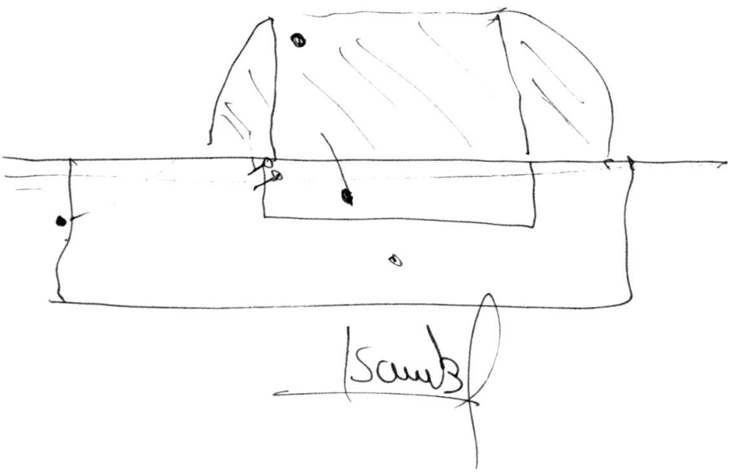

# LOTHAR MATTHÄUS

» Dieses Tor war wichtig, weil wir damit gleich im ersten Spiel der WM ein Zeichen gesetzt haben. Und: Es war ein schönes Tor, das am Ende sogar zum Tor des Jahres gewählt wurde und das viel darüber erzählt, was für ein Spieler ich war. Ja, ich habe viele Tore von außerhalb des Strafraums gemacht. Aber ich hatte meine Qualitäten nicht nur in der Offensive, sondern auch in der Defensive. Und den Ball habe ich hinter der Mittellinie mit erkämpft.

Klaus Augenthaler spielte mir danach den Ball direkt zu, und da habe ich schon gemerkt, dass ich viel freien Raum hatte. Die Jugoslawen standen zu dem Zeitpunkt sehr offensiv, denn sie hatten kurz vorher den Anschlusstreffer zum 2:1 erzielt ... Ich habe drei Gegner ausgespielt – und dann haben Rudi Völler und Jürgen Klinsmann die beiden Verteidiger, die noch vor uns waren, nach außen gezogen. So konnte mich einerseits keiner angreifen, und weil die beiden bewacht waren, hatte ich andererseits gar keine Möglichkeit, einen von den beiden anzuspielen. Ich habe dann abgezogen, weil ich zu dem Zeitpunkt viel Selbstvertrauen hatte. Erstens, weil ich schon das 1:0 erzielt hatte, und zweitens, weil

---

**WM 1990**
**Vorrunde, Gruppe D, 10.6.1990**
**Giuseppe-Meazza-Stadion, genannt „San Siro", Mailand, Italien**
**Deutschland – Jugoslawien 4:1**

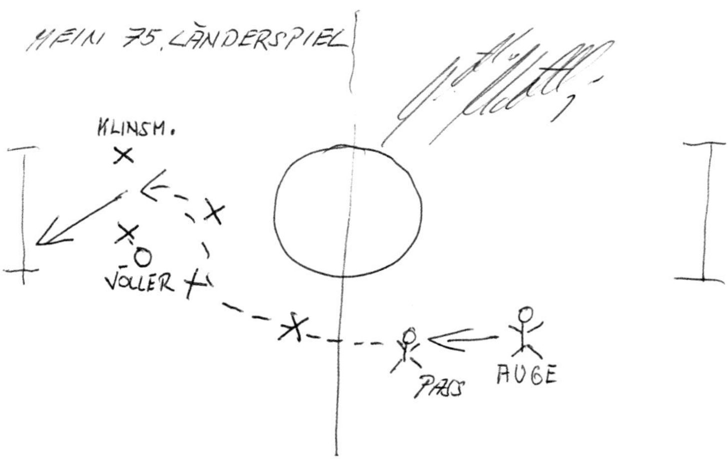
MEIN 75. LÄNDERSPIEL
KLINSM.
VÖLLER
PASS
AUGE

wir in meinem damaligen Heimatstadion San Siro spielten. Ein Ort, wo wir mit Inter Mailand viele großartige Spiele gemacht haben. Gegen Diego Maradona, gegen den AC Milan, die damals stärkste Vereinsmannschaft, und und und. Wir sind da ganz selten als Verlierer rausgegangen. Boris Becker sagte immer, Wimbledon sei sein Wohnzimmer gewesen, und ich sage immer: San Siro war mein Wohnzimmer."

# ALDO SERENA

„Ich habe in meiner Karriere zwei Derbys entschieden. Bei einem Mailänder Derby habe ich das 1:0 erzielt, bei einem Juventus-Torino das 3:2. Aber wenn ich mich entscheiden muss, nehme ich das Tor gegen den AC Milan von 1988. Es war ein schöner Spielzug, den ich selbst im Mittelfeld einleitete. Ich spielte den Ball auf Gianfranco Matteoli, der unseren Kapitän Giuseppe Bergomi auf der rechten Seite schickte. Bergomi flankte – und ich setzte, von Frank Rijkaard bedrängt, zu einem wirklich schönen Flugkopfball an …“

**Serie A 1988/89**
**9. Spieltag, 11.12.1988**
**Stadio Giuseppe Meazza, genannt „San Siro“, Mailand, Italien**
**AC Milan – Inter Mailand 0:1**

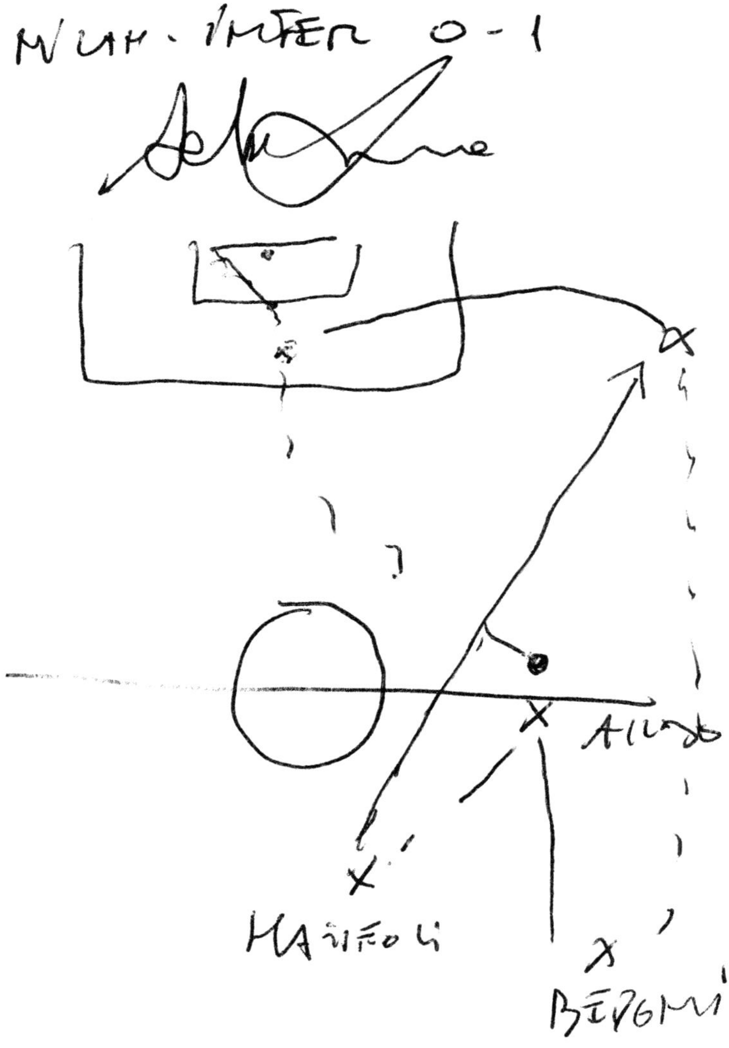
MILAN - INTER 0-1
BERGOMI

# IVÁN ZAMORANO

„Wenn es ein Tor gibt, auf dass ich auf den Straßen und in den Restaurants und Bars immer wieder angesprochen werde, dann ist es der Treffer, mit dem ich 1995 Real Madrid die Meisterschaft sicherte. Gegen Deportivo La Coruña. Fernando Redondo hatte sich vor unserem Strafraum gegen zwei Gegner durchgesetzt und auf Michael Laudrup gepasst, und der bediente Amavisca auf der linken Seite. Amavisca schlug einen weiten, hohen Diagonalpass von der Mitte des Feldes auf mich – und ich nahm den im Sprung mit der Brust an und legte ihn mir so vor, dass ich mit rechts zum 2:1 einschießen konnte. Es war der vorvorletzte Spieltag. Durch den Sieg lagen wir in der Tabelle uneinholbar vorne – und waren Meister.“

---

**Primera División 1994/1995**
**31. Spieltag, 3.6.1995**
**Estadio Santiago Bernabéu, Madrid, Spanien**
**Real Madrid – Deportivo La Coruña 2:1**

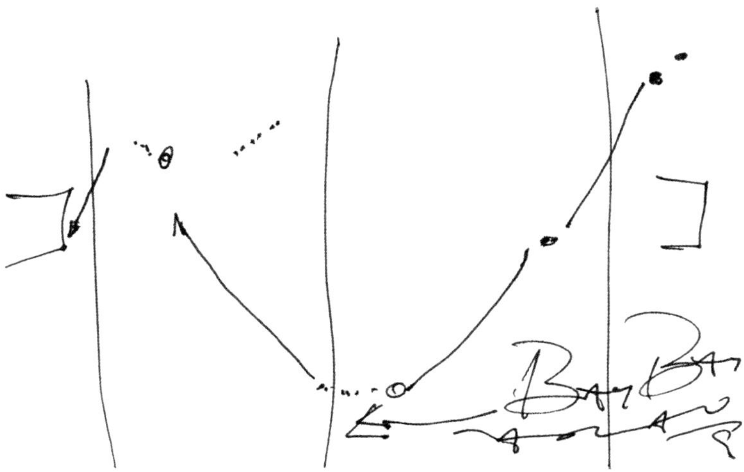

# ZÉ ROBERTO

„Wenn es ein Tor gibt, das immer in meinem Gedächtnis bleiben wird, dann das Tor gegen Ghana bei der WM in Deutschland. Wir lagen zwar 2:0 in Führung. Aber Ghana drängte sehr. Es war in der zweiten Halbzeit, in der 84. Minute. Ich erinnere mich, dass Ricardinho für Kaká eingewechselt worden war. Und dass wir angefangen haben, uns den Ball zuzupassen. Emerson spielte den Ball hinaus zu Cafu, Cafu zu mir, ich zu Juninho und er zu Ricardinho auf der linken Seite. Vorne stand Ronaldo; und Ronaldo ging auf Ricardinho zu, weil er es liebte, den Ball in den Fuß zu bekommen. Ich bin nach vorne, weil ich merkte, wie die Abwehr Ghanas aufrückte und sich ein Raum auftat. Ricardinho sah mich und spielte einen hohen Ball über zwei Abwehrspieler hinweg. Der Torwart hatte das erahnt und war aus seinem Tor herausgelaufen. Aber ich bekam die Fußspitze an den Ball und konnte ihn über ihn hinwegheben. Ich stand allein vor dem Tor – und musste den Ball nur noch über die Linie tragen …“

---

**WM 2006**
**Achtelfinale, 27.6.2006**
**BVB Stadion Dortmund, Deutschland**
**Brasilien – Ghana 3:0**

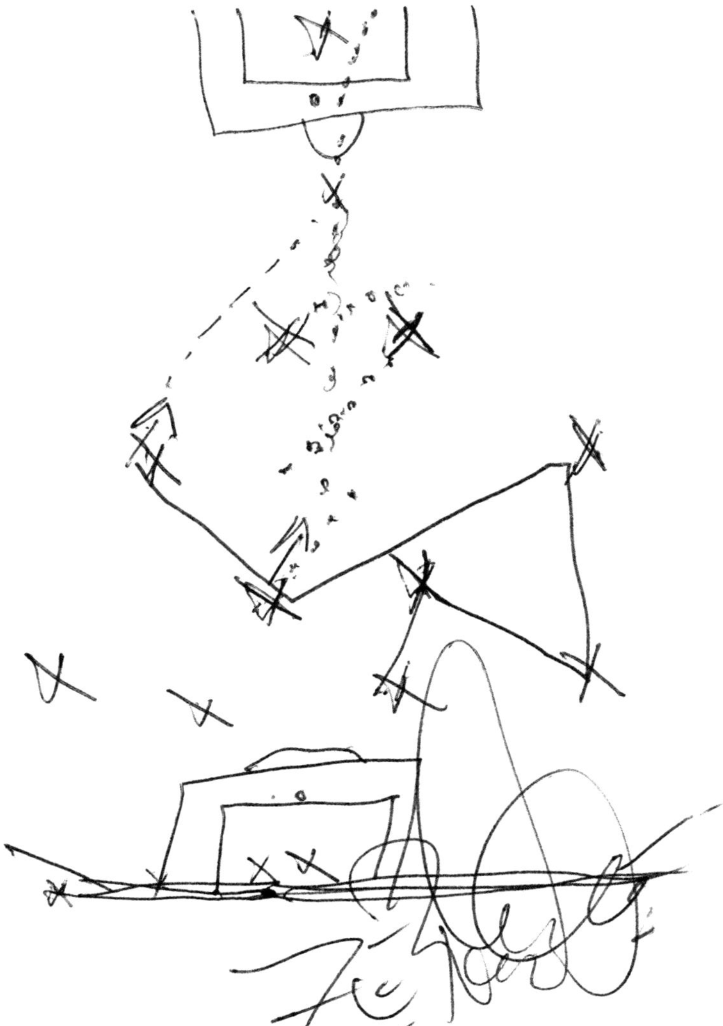

# CARLOS VALDERRAMA

„Mein WM-Tor gegen die Vereinigten Arabischen Emirate! Ist doch klar. Es war Kolumbiens erste WM-Teilnahme nach fast 30 Jahren! Wir hatten eine Ecke abgewehrt, und ich stand beim Konter in einer Position, die eigentlich ein anderer bei uns besetzte. Carlos ‚La Gambeta' Estrada hatte mich gesehen und einen langen Ball auf mich geschlagen. Ich hatte das halbe Feld vor mir. Etwa auf halbem Weg zum Tor habe ich dann geschossen – flach in die rechte Ecke."

**WM 1990**
**Vorrunde, Gruppe D, 9.6.1990**
**Stadio Renato Dall'Ara, Bologna, Italien**
**Kolumbien – Vereinigte Arabische Emirate 2:0**

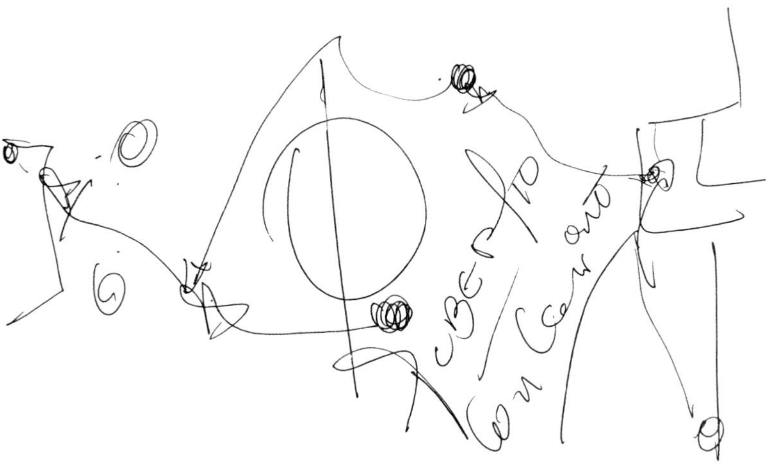

# EDMÍLSON

„Im Spiel gegen Costa Rica hatte ich im Mittelfeld einen Doppelpass mit Rivaldo gespielt und dann den Ball zu Júnior weitergeleitet. Ich war bis zum Fünfmeterraum gelaufen und habe dann per Fallrückzieher getroffen. Es wurde zu einem der schönsten Tore des ganzen Turniers gewählt. Aber wichtiger war: Wir wurden später Weltmeister!“

---

**WM 2002**
**Vorrunde, Gruppe C, 13.6.2002**
**Suwon-World-Cup-Stadion, Südkorea**
**Costa Rica – Brasilien 2:5**

Junio

# PEDJA MIJATOVIC

»Ich hätte das Finale fast verpasst. 48 Stunden vor dem Anpfiff haben wir Sprungtraining gemacht, und als ich landete, machte die Wade ‚Pic!‘. Ich dachte: Bei der Mutter Gottes ... eine Verletzung! Ich wusste nicht, wie schlimm sie war. Aber ich habe sofort das Training abgebrochen. Der Konditionstrainer wollte, dass ich weitermache. Aber ich habe ihm gesagt: ‚Ich bin müde.‘ Und bin weg. Ich war dann bei unserem Physiotherapeuten Pedro Chueca und habe zu ihm gesagt: ‚Pedro, das ist hier eine ernste Sache. Ein Finale. Wenn jemand erfährt, dass meine Wade zwickt, bringe ich dich um.‘ Und Pedro dachte: Dieser verrückte Montenegriner, der macht das, der bringt mich wirklich um. Also hielt er dicht. Und unser damaliger Trainer Jupp Heynckes hat davon nicht erfahren.

Es war nicht so einfach, alles zu verheimlichen. Beim Abschlusstraining bin ich mit Stutzen aufs Feld. Meine Mitspieler wunderten sich, wir trainierten ja sonst mit Socken. ‚Aberglaube‘, sagte ich. Eine Lüge! Ich trug halt einen so dicken Verband, dass man meinen konnte, das sei ein Gips. Heikel wurde es, als Jupp zu uns kam und sagte: ‚Hier, ihr fünf übt jetzt Elfmeter.‘ Das wäre mein Ende gewesen. Also habe ich zu Jupp gesagt: ‚Míster, wir ge-

**Champions League 1997/98**
**Finale, 20.5.1998**
**Amsterdam Arena, Amsterdam**
**Real Madrid – Juventus Turin 1:0**

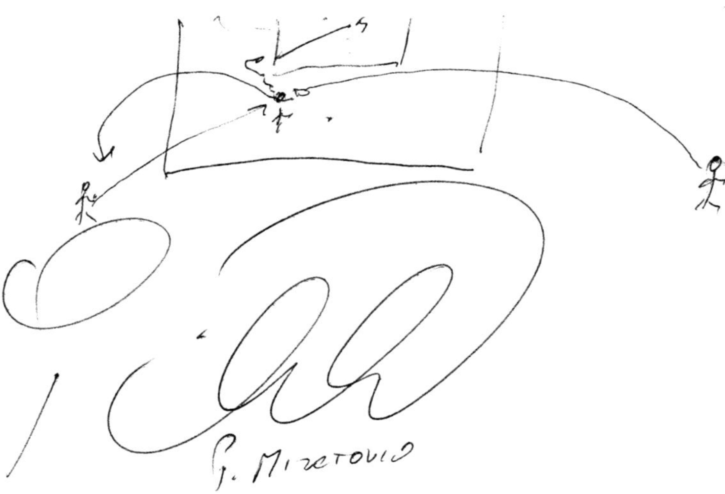

winnen ohne Elfer', und hab' ihn stehenlassen. Der spinnt, muss er gedacht haben.
Ich habe mir natürlich darüber Gedanken gemacht, dass ich verletzt mein Team schwächen könnte. Aber da war auch ein anderer Gedanke: Wenn du vor einem Finale die Hand hebst, stehst du als der größte Hosenscheißer der Fußballgeschichte da. Das glaubt doch keiner, dass du verletzt bist. Außerdem: Ich war vom Finale besessen. So besessen, dass ich sogar dachte: Wenn wir hinten liegen, mache ich irgendeine Dummheit und führe einen Spielabbruch herbei. Und dann wird das Spiel wiederholt. Aber das war nicht nötig. Am Finaltag habe ich einen Test gemacht, beim Aufwärmen. Und es ging! Im Spiel selbst habe ich nichts gespürt. Das Adrenalin, denke ich. Und dann habe ich das Tor geschossen.
Es war ein Angriff über rechts. Raúl, Morientes und ich standen im Strafraum. Christian Panucci war ein guter Flankengeber. Aber mit dem Ball, den Christian in den Strafraum schoss, konnte keiner was anfangen. Der Abpraller landete bei Roberto Carlos. Er schoss aufs Tor, traf den Ball aber nicht richtig. Zum Glück! Denn er wurde abgefälscht und lag mir zu Füßen. In der 66. Minute.
Im Nachhinein habe ich viel in diese Zahl hineininterpretiert. Den letzten Landesmeisterpokal hatte Real Madrid 1966 geholt. Gegen Partizan Belgrad, wo ich Kapitän gewesen war und die schwarzweiße Trikots tragen – wie Juve! Und in der 66. Minute stand ich also plötzlich allein mit dem Ball da. Ich habe Peruzzi umdribbelt, aber der Ball lag an meinem verletzten Bein. Ich wollte deshalb nicht voll durchziehen. Und im Augenwinkel sah ich, dass ein Verteidiger heranrauschte. Da habe ich den Ball gelupft.
Das waren sehr viele Gedanken in sehr kurzer Zeit, ja. Aber wenn du dich echt mit deinem Beruf auseinandersetzt, egal ob im Fußball oder in einem anderen Job, passt eine ganze Welt in eine einzige Sekunde. Dann handelst du wie ein Tier, aus Instinkt, aus

Hunger, aus was auch immer. Du tötest den Ball. Nur so ist eine solche Millimeterarbeit möglich.
Am schlimmsten waren die ersten Minuten nach dem Tor. Ich war völlig platt, weil ich quer über den Platz zu unserem Ersatzspieler Fernando gesprintet war, dem Sohn von Präsident [Lorenzo] Sanz. Er hatte mir am Abend vorher gesagt, dass ich das Siegtor machen würde. Obwohl ich in der ganzen Champions League kein Tor gemacht hatte. Ich wollte mich bedanken. Es war mein längster Sprint im Spiel. Ich habe gebetet, dass mich niemand mehr anspielt. Aber ich bin erst in der 89. Minute ausgewechselt worden. Denn ich wollte, dass mein Freund Davor Šuker noch ein wenig vom Finale abbekommt. Und was passierte? Als abgepfiffen wurde, hat der Verrückte den Ball auf die Tribüne gedroschen. Den Finalball! Das wäre eine schöne Erinnerung an ein Finale gewesen, das für den Klub so wichtig war. Real Madrid wartete damals seit 32 Jahren auf ‚la séptima', auf den siebten Triumph im wichtigsten Klubturnier der Welt. Wir haben den Klub durch diesen Sieg in die Moderne katapultiert.
Auch mir war enorm wichtig, Champions-League-Sieger mit dem prestigereichsten Klub der Welt zu werden. Und ich weiß jetzt, nach so vielen Jahren, wie wichtig so ein Detail in einer Karriere sein kann. Wie die Leute dich anschauen, wenn du abends essen gehst, und über dich reden. Ich habe Geschichte geschrieben, und das Geraune der Leute ist der Soundtrack dazu."

# MARCELL JANSEN

„Ein Tor, auf das ich besonders stolz bin, ist mein Treffer im Spiel um Platz 3 bei der WM 2010. Weil ich immer noch der einzige Ur-Borusse und gebürtige Gladbacher bin, der bei einer WM ein Tor geschossen hat. Jérôme Boateng hatte als Rechtsverteidiger geflankt, und ich traf, zum ersten und einzigen Mal in meiner Karriere mit dem Kopf! Aber das schönste Tor war ein Fallrückzieher gegen Hannover 96. Ich hatte den Ball auf der linken Seite zwei Mal vertändelt, wiedergeholt, reingebracht ... Und irgendwann kam er auf die rechte Seite. Oliver Neuville eroberte ihn, zog nach innen, spielte einen sensationellen Pass in den Rückraum, aber meinen Schuss klärte ein Hannoveraner quasi auf der Linie. Bei YouTube sieht man, dass ich die Hände vor den Kopf halte. Ich dachte wirklich nur: Das gibt's doch nicht! So ein Aufwand für nix! Robert Fleßers, damals ein junger Spieler bei der Borussia, wollte vom Sechzehner schießen, traf den Ball aber überhaupt nicht. Ich haderte noch und hatte gerade die Hände wieder runtergenommen, als der Ball auf mich zukam. Ich habe ihn mit dem rechten Fuß hochgenommen – und ihn als sanften Fallrückzieher in den Winkel geschlagen. Ich war so nah am Tor, dass ich nur eins wusste: Wenn ich voll draufhaue, geht der Ball übers Tor."

---

**Bundesliga 2005/2006**
**33. Spieltag, 6.6.2006**
**Borussia-Park, Mönchengladbach, Deutschland**
**Borussia Mönchengladbach – Hannover 96 2:2**

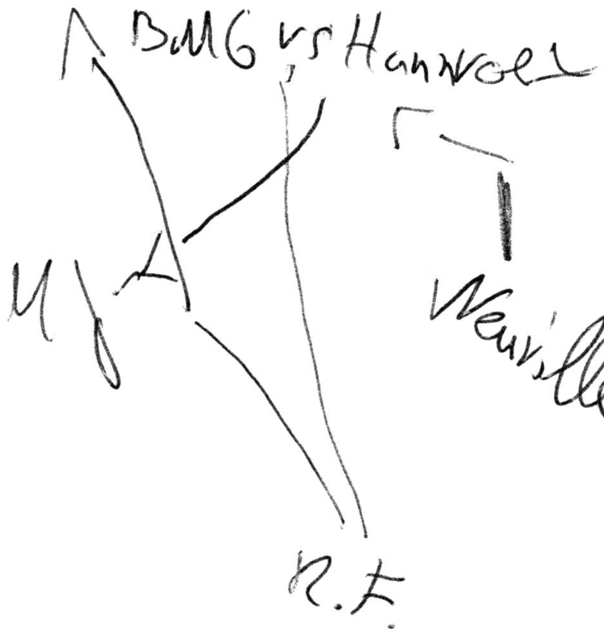
BMG vs Hannover
Neuville
R.F.

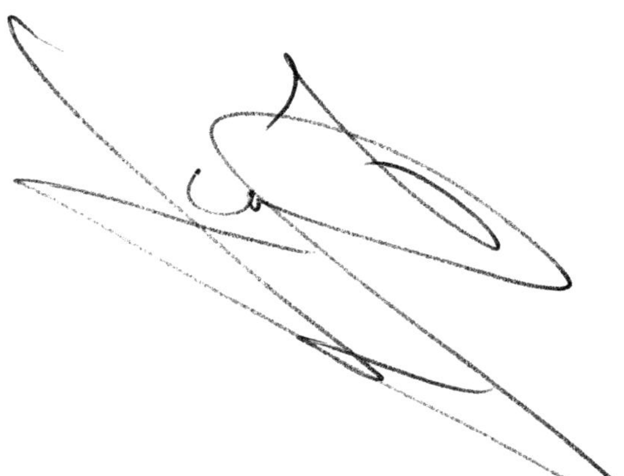

# LILIAN THURAM

„Meine mit Abstand berühmtesten Tore waren die Treffer im WM-Halbfinale 1998 gegen Kroatien am 8. Juli 1998. Das Datum wurde dann der Titel meiner Autobiografie. Seinerzeit habe ich die Tore mit einer Denkergeste bejubelt, habe mir die Hand ans Kinn gelegt. Die Leute waren überzeugt, ich hätte das absichtlich gemacht. Aber dass ich das getan hatte, habe ich selbst erst gemerkt, als ich später die TV-Bilder gesehen habe. Ich habe nie viele Tore gemacht. Was soll ich mir da vorher eine Jubelgeste überlegen? Mein wichtigstes Tor war jedoch ein anderes. Ein Tor, das ich für Portugais de Fontainebleau geschossen habe, als ich zwölf Jahre alt war. Es ist ein sehr bürgerlicher Klub, ein Klub der Reichen, deren Vereinsführer mich nicht akzeptieren wollten. Ich wohnte in der Banlieue. Und ich hatte es mir in den Kopf gesetzt, dort zu spielen. Ich habe an einem Probetraining teilgenommen, und ich wollte zeigen, dass ich da spielen konnte. In einem Trainingsspiel haben wir 5:4 gegen Moissy-Cramayel gewonnen. Und ich habe vier Tore geschossen! Beim vierten Tor ist der Ball vor mir ein bisschen gesprungen, ich habe ihn voll getroffen, und er ist an den zweiten Pfosten in den Winkel geflogen. Ich wollte eigentlich flanken. Aber das habe ich niemandem gesagt …“

**Datum, Wettbewerb und Ort: unbekannt**

# LUIS SUÁREZ

„Ich habe einmal im Messepokal für Barcelona gegen Belgrad ein Tor geschossen, von dem es leider keine Filmaufnahmen gibt. Es war ein Dribbling über das halbe Feld mit dem Ball am Fuß. Ganz ehrlich: Es war so ähnlich wie das von Maradona gegen England bei der WM 1986. Oder wie das von Leo Messi gegen Getafe.“

---

**Messestädte-Pokal 1960/61**
**1. Runde, Rückspiel, 19.10.1960**
**Camp Nou, Barcelona, Spanien**
**FC Barcelona – Dinamo Zagreb 4:3 (Hinspiel 1:1)**

# RUDI VÖLLER

„Mein wichtigstes Tor war sicherlich das gegen Brøndby, im Halbfinale des UEFA-Cups. Vor 80 000 Zuschauern, volles Haus, es war die Hölle los ... Wir hatten in Brøndby 0:0 gespielt, und zu Hause stand es in der 90. Minute 1:1. Damals galt noch die Auswärtstorregel, wir wären mit dem Spielstand ausgeschieden. Also haben wir alles nach vorne geworfen ...
Es war kein sonderlich schönes Tor: Desideri hatte aufs Tor geschossen, Peter Schmeichel war Torwart. Er ließ den Ball abprallen, und ich habe ihn reingehauen. Das Finale gegen Inter Mailand haben wir leider verloren. Aber es war trotzdem ein ganz erfolgreiches Jahr: Wir haben in dem Jahr den Pokal gegen Sampdoria Genua gewonnen."

---

**UEFA-Cup 1990/91**
**Halbfinale, Rückspiel, 24.4.1991**
**Stadio Olimpico di Roma, Rom, Italien**
**AS Rom – Brøndby IF 2:1 (Hinspiel 0:0)**

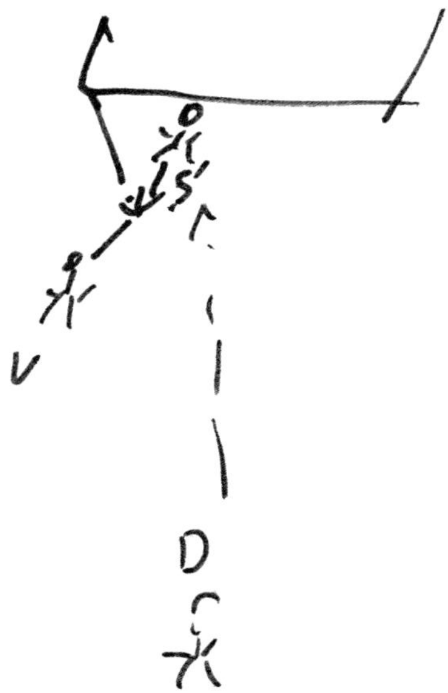
S
V
D

# SANTILLANA

„Mein schönstes Tor war gegen Derby County – in dem Spiel, das als die erste Aufholjagd in der Geschichte von Real Madrid gilt. Wir hatten das Hinspiel mit 4:1 verloren. Und im Rückspiel schafften wir es, die Verlängerung zu erzwingen. Vicente del Bosque kam über rechts und flankte zu mir, und dann schoss ich ein Tor, das für mich total untypisch war: Ich lupfte den Ball über den Gegenspieler hinweg – und schoss volley zum 5:1 ins Tor. Das war der Endstand.“

---

**Europapokal der Landesmeister 1975/76**
**Achtelfinale, Rückspiel, 5.11.1975**
**Estadio Santiago Bernabéu, Madrid, Spanien**
**Real Madrid – Derby County 5:1 (n. V.) (Hinspiel 1:4)**

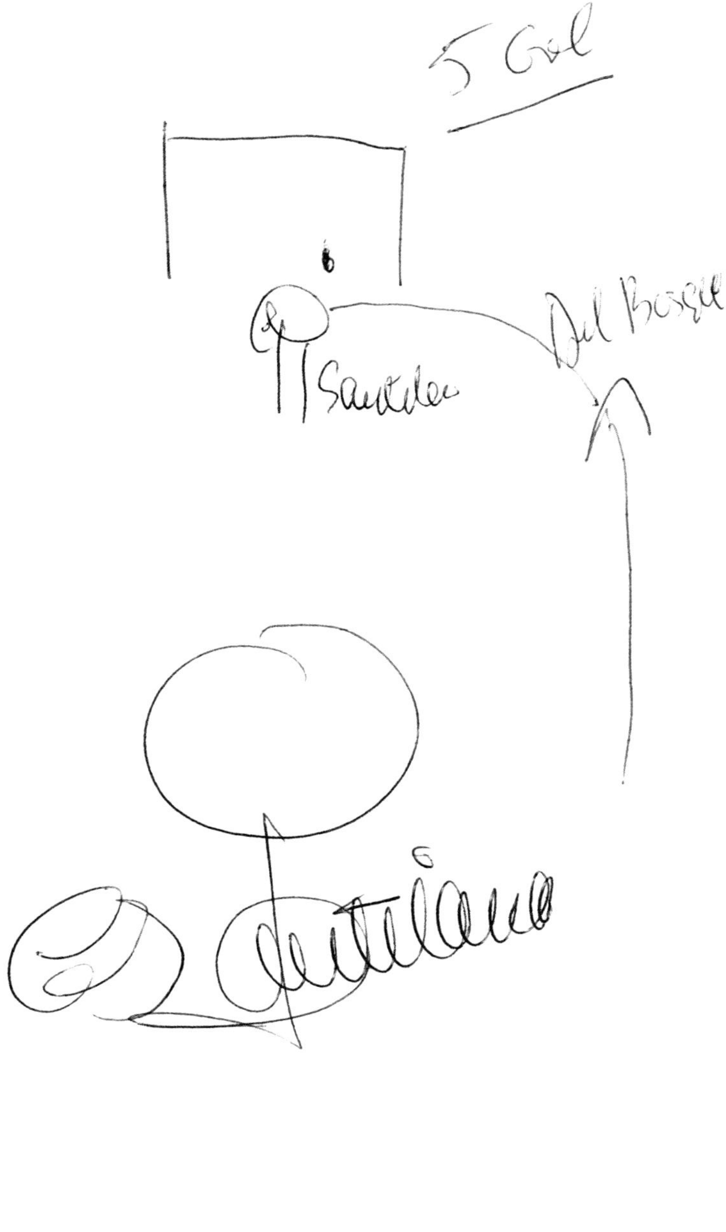
5 Gol
Del Bosque

# FELIX MAGATH

„Natürlich sind Tore am Ende das Wichtigste. Der Sinn des Spiels ist es ja, Tore zu erzielen. Aber grundsätzlich würde ich es doch relativieren: Ein Tor ist in einem Spiel nur ein Teil von etwas viel Größerem. Das gilt auch für mein Tor gegen Juventus im Landesmeisterfinale von 1983. Das Tor fiel in der 9. Minute. Aber dass es der entscheidende – weil einzige – Treffer sein würde, konnte man zu dem Zeitpunkt ja nicht ahnen. Dennoch: Es war mein wichtigstes Tor. Allein schon deshalb, weil bei so einem Finale viel mehr Menschen zuschauen als bei einem Bundesligaspiel, weil das Finale eben 1:0 ausging und weil es auch noch ein schönes Tor gegen einen besonderen Torwart war, gegen den großen Dino Zoff. Der Ball kam von rechts, und ich war auf der linken Seite. Ich habe den Ball angenommen, einen Schuss angetäuscht, mir den Ball aber bloß vorgelegt. Und dann war ich vorbei, weil mein Gegenspieler hochgesprungen war. Am Ende habe ich den Ball diagonal da oben reingeschossen."

**Europapokal der Landesmeister 1982/1983**
**Finale, 25.5.1983**
**Olympiastadion Spyros Louis (OAKA), Athen, Griechenland**
**Hamburger SV – Juventus Turin 1:0**

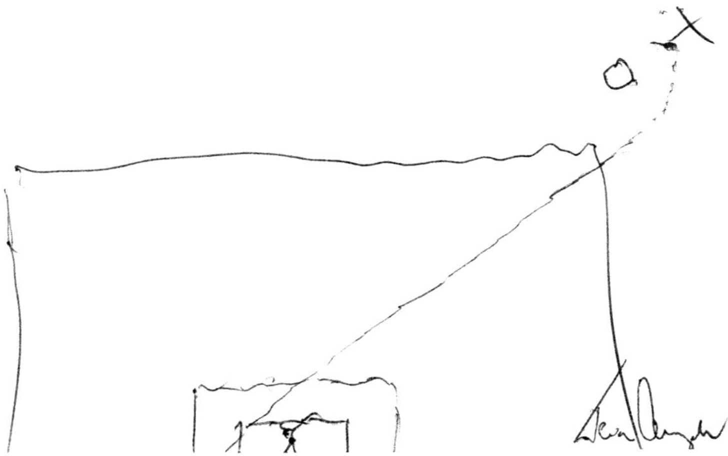

# RABAH MADJER

„Mein berühmtes Tor mit der Hacke gegen die Bayern im Europapokalfinale, es ging im Mittelkreis los. Der Ball kam zu Frasco, der spielte auf den Brasilianer Juary, der fast bis zur Grundlinie lief, von einem Bayern-Spieler bedrängt wurde und den Ball trotzdem zu mir spitzelte. Pfaff lag am Boden. Ich stand zwei, drei Meter vor der Linie, mit dem Rücken zum Tor. Ein Bayern-Spieler [der spätere Bundestrainer Hansi Flick] stand noch auf der Linie. Er war komplett überrascht, als ich den Ball mit der Ferse schlug. Es war mir gar nichts anderes übrig geblieben. Hätte ich versucht, den Ball zu kontrollieren oder mich zu drehen, wäre nichts draus geworden.

Ein paar Tage nach dem Finale rief mich Artur Jorge zu sich, unser Trainer. Er machte die Tür zu, bot mir einen Stuhl an. ‚Rabah', sagte er, ‚wie bist du nur auf diese Bewegung gekommen? Das ist doch verrückt!' Und ich sagte: ‚Ja, Artur. Aber wenn ich's nicht gemacht hätte, hätte ich nie getroffen.' Er hatte recht, es war verrückt. Sehr verrückt. Ein völlig unüberlegter, spontaner Akt. Und Schicksal.

Beim Jubel sind alle auf mich draufgesprungen, und ich bekam Krämpfe in den Waden. Schreckliche Krämpfe. Es gibt Kinder, die

---

**Europapokal der Landesmeister 1986/87**
**Finale, 27.5.1987**
**Praterstadion, Wien, Österrreich**
**FC Porto – FC Bayern 2:1**

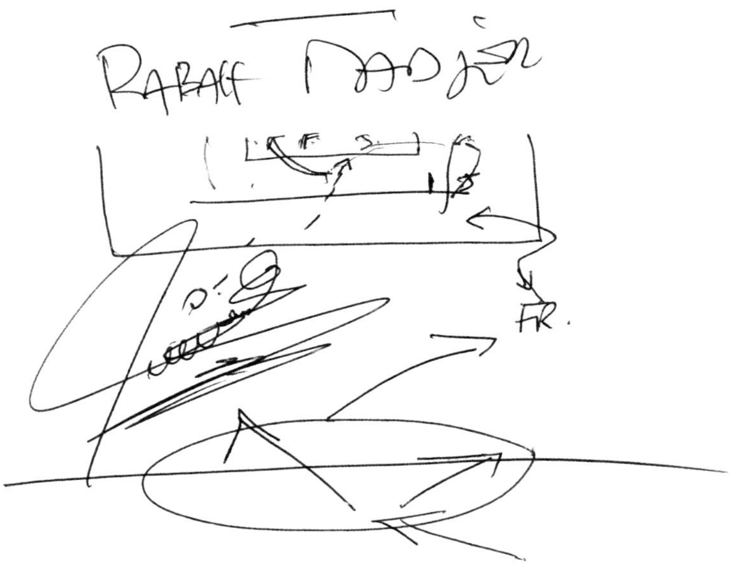
FR.

glauben, mein Vorname würde ‚Kaab Dahabi' lauten, ‚Goldene Ferse'. Und es kommen Kinder auf mich zu, die rufen: ‚Rabah! Rabah! Wie macht man das?' Ganz ehrlich: Ich weiß es nicht. Bis heute nicht. Manchmal denke ich: Gott wollte in dem Moment einfach bloß genau das da unten sehen. Warum stehe ich da, aus dem Gleichgewicht geraten? Und dann bekommt der Ball nur deshalb die richtige Höhe, weil Juarys Pass von einem Bayern-Spieler abgefälscht wird, mit Bein oder Hüfte, was auch immer. All das in meinem ersten Europacup-Finale! Kann das etwas anderes sein als Vorsehung? Dass Allah meinen Weg vorgezeichnet hatte?"

# CARECA

» Ich habe mal ein fast maradonianisches Tor geschossen, 1990 in San Siro. Ich habe den Ball fast am Mittelfeld bekommen und dann vier, fünf Verteidiger, die damals viel härter zulangten als die Verteidiger von heute, mit sehr viel brasilianischer ‚Ginga' ausgetanzt [Ginga ist eigentlich ein Begriff aus dem Kampftanz Capoeira, der aber auch für ein Lebensgefühl steht, für Flow, Stil]. Es war ein Tor voller Technik und Agilität, voller Ballkontrolle und Tempo. Mit dem linken, mit dem rechten Fuß, mit wogendem Körper. Das ist ja das Schwierigste überhaupt: den Ball unter Kontrolle zu behalten, wenn man Geschwindigkeit aufgenommen hat. Ohne Ball sind wir alle schnell. Aber 40, 50 Meter weit mit dem Ball am Fuß zu laufen und zu springen und Finten einzubauen, auf Gegner zu reagieren und auch noch kühl gegen einen Torwart wie Walter Zenga zu vollenden, der bei diesem Tor aggressiv auf mich zukam ... Ich finde, ich habe da alles gezeigt, was ein Ausnahmestürmer haben muss. Zumal der Platz enorm feucht war und alles nochmal schwieriger war, weil der Rasen uneben war, nicht so glatt wie die Plätze heute. Ich

---

**Serie A 1989/90**
**26. Spieltag, 25.2.1990**
**Stadio Giuseppe Meazza, genannt „San Siro", Mailand, Italien**
**Inter Mailand – SSC Neapel 3:1**

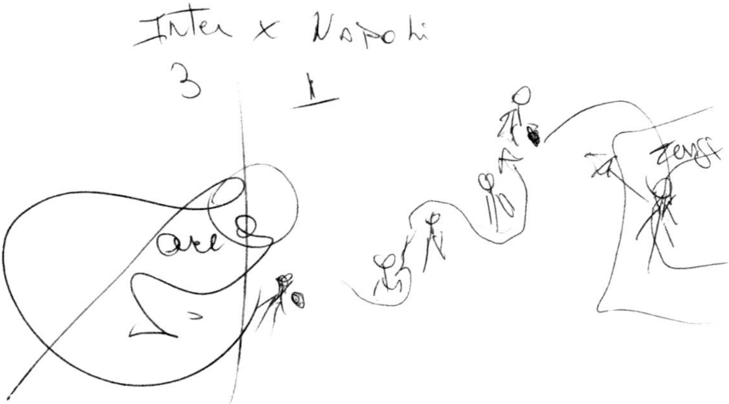
Inter x Napoli
3
1

habe das Tor mit einem Sambatanz gefeiert. Weil: Es war zwar sehr kalt in Mailand, aber es war auch das Karnevalswochenende.“

# GÜNTER NETZER

» Am Morgen des Spiels hat mich Hennes Weisweiler beim Spaziergang mit der Mannschaft an die Seite genommen und gesagt: ‚Ich habe mich entschieden, dass Sie nicht spielen.' Ja, er hat mich da gesiezt. Das hat er immer getan, wenn er schwierige Dinge ansprechen oder Beschimpfungen loswerden wollte. Da wusste man sofort: Alarmstufe 1! Ich habe nur gesagt: ‚Das finde ich ganz schön mutig von Ihnen.' Das waren die Worte. Als wir zurück im Hotel waren, bin ich auf mein Zimmer und hab den Koffer gepackt. Ich bin dann runter, wo schon einige Jungs an dem Tisch, an dem wir immer gegessen haben, zusammensaßen, und habe denen gesagt: ‚Also, tschüss, Jungs, ich wünsche euch ganz viel Glück für heute. Macht's gut.' Dann haben die natürlich gesagt: ‚Ja, bist du denn verrückt? Was ist denn jetzt los?' Und ich habe ihnen erklärt, dass der Trainer entschieden habe, dass ich nicht spiele, und ich also nach Hause gehe. Eine Gruppe, bei der bestimmt Berti Vogts, Jupp Heynckes und vielleicht der Herbert Wimmer dabei waren, hat dann gesagt: ‚Nee, das kannst du nicht machen, wir sind jetzt zehn Jahre zusammen. Wir brauchen dich, setz dich auf die Bank. Das bist du uns schuldig.' Ich habe das eingesehen. Aber ich wollte möglichst wenig Kontakt mit

---

**DFB-Pokal 1972/73**
**Finale, 23.6.1973**
**Rheinstadion, Düsseldorf, Deutschland**
**Borussia Mönchengladbach – 1. FC Köln 2:1 (n. V.)**

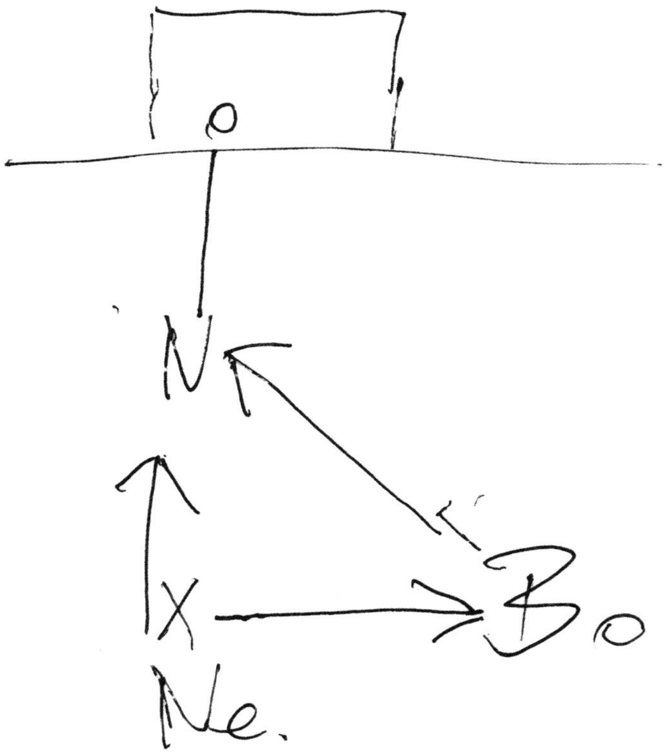
o
N
X
Bo
Ne.

Weisweiler haben. Deswegen bin ich auch nicht mit dem Mannschaftsbus gefahren, sondern mit meinem Ferrari hinterher. Um zu dokumentieren: Das müsst ihr schon allein machen.
Im Stadion haben die Leute dann nach und nach mitbekommen, dass ich nicht spiele, es gab also schon einige Aufregung. Als das Spiel begann, ging es rauf und runter. Zur Halbzeit stand es 1:1, durch Tore von [Hacki] Wimmer und [Herbert] Neumann. Das eigentlich Gravierende war: Weisweiler hat die Anti-Stimmung bemerkt, die sich gegen ihn aufbaute, und hat mir in der Pause gesagt: ‚Du spielst dann jetzt.' ‚Nein', habe ich gesagt, ‚ich gehe da nicht hinein.' ‚Warum nicht?', hat er gefragt. Und da habe ich ihm vor der Mannschaft gesagt: ‚Die machen das beste Spiel des Jahres. Wenn ich da jetzt reinkomme, bin ich ein Fremdkörper. Ich kann der Mannschaft nicht helfen.' Und das sagte ich wirklich voller Aufrichtigkeit: Die haben vielleicht sogar das beste Spiel meiner ganzen Zeit in Gladbach gespielt. Es war das bis dahin beste Pokalfinale der Geschichte überhaupt! Wenn ich gesehen hätte, dass ich der Mannschaft hätte helfen können, wäre ich aufs Feld gegangen. Ich glaube, dass Weisweiler mich einwechseln wollte, weil er den Leuten zeigen wollte: Wir haben den Netzer da noch, aber den habe ich zu Recht nicht aufgestellt. Denn es war unglaublich heiß, es herrschte eine hohe Luftfeuchtigkeit, ich hätte große Schwierigkeiten gehabt. Ein solches Wetter hat mich zu meiner Zeit als Spieler immer vor Probleme gestellt. Als wir wieder rauskamen und die Zuschauer sahen, dass ich immer noch nicht eingewechselt werde, hat das Publikum das natürlich dem Weisweiler zugeschrieben. Es gab ein wahnsinniges Pfeifkonzert ... Und dann kam die berühmte Szene in der Halbzeit der Verlängerung.
Christian Kulik kam auf mich zu – das war eines der größten Talente, die in der damaligen Zeit in Deutschland existiert haben, ein 18-jähriger Junge, der ganz am Anfang seiner Karriere stand –

und ging vor mir zu Boden. ‚Was ist, Christian, kannste nich' mehr?', habe ich gesagt, und er antwortete: ‚Ich kann nicht mal mehr aufstehen.' Daraufhin habe ich instinktiv, ich kann es bis heute nicht erklären, die Trainingsjacke und die Trainingshose ausgezogen, die Leute haben mitbekommen, was sich da abspielte, und haben sich gefreut. Ich bin an der Trainerbank vorbeigelaufen, zum Weisweiler, und habe ihm gesagt: ‚Ich spiel dann jetzt.' Habe mich umgedreht und bin gegangen. Und dann passierte das Unglaubliche – man muss es ja als Wunder bezeichnen –, dass ich nach zwei Minuten einen Querpass zum Bonhof spielte und er mir den Ball zurückgab. Ein Doppelpass im engeren Sinne war es nicht, der geht ja über kurze Strecken. Aber er spielte einen Pass, wie er ihn in der ganzen Zeit, in der ich etwas mit ihm zu tun hatte, niemals gespielt hatte. Und dann hatte ich ein wahnsinniges Glück. Denn alles, was passierte, lief falsch. Ich wuchtete mich hinterher, der Ball sprang vor mir auf, und wäre das nicht passiert, wäre ein harmloser Roller herausgesprungen. Aber weil eben alles schieflief, habe ich den Ball mit dem Außenspann getroffen – und der Ball landete oben im Winkel. Alle sprangen auf. Außer, wie mir später gesagt wurde, Hennes Weisweiler. Der blieb sitzen."

# PABLO FORLÁN

„Ich war ursprünglich ein Sechser, Achter oder Zehner gewesen, ein Mittelfeldspieler also. Aber als sich ein Mitspieler verletzt hatte und kein Ersatz da war, wurde ich zum Rechtsverteidiger umgeschult. Meine Stärken lagen wegen meiner Vorprägung im Angriff. Ich erzielte deshalb auch regelmäßig vier, fünf, sechs Tore pro Saison. Fast alle aus der Halbdistanz.
Ein sehr schönes Tor ist mir in einem uruguayischen Clásico gelungen, in der Copa Libertadores [Südamerikas Champions League]. Wir waren nur noch zu zehnt und bekamen elf Minuten vor dem Ende einen Freistoß zugesprochen. 30 Meter vor dem Tor. Ich stand näher an der Tribüne ‚América' und schoss von dort direkt aufs Tor vor der Tribüne ‚Colombes'. Ich weiß noch, dass [Nilson] Bertinat im Tor stand. Und keine Chance hatte."

---

**Copa Libertadores 1976**
**Vorrunde, Gruppe 5, 24.3.1976**
**Estadio Centenario, Montevideo**
**Nacional Montevideo – Peñarol Montevideo 1:2**

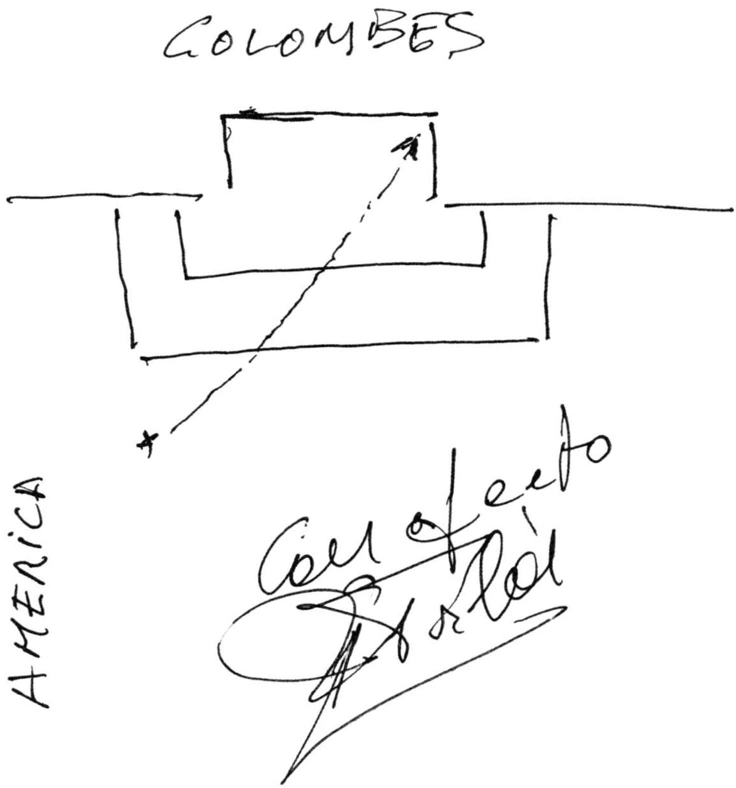
COLOMBES
AMERICA
Con afecto
Dalí

# CAMACHO

„Mein Tor entstand im Exil. Weil Real Madrid in der Saison 1982/83 ein Heimspiel auf neutralem Boden austragen musste. Nach einem Clásico, bei dem es wegen des Schiedsrichters ein paar Zwischenfälle gegeben hatte, war unser Bernabéu-Stadion 1982 für eine Partie gesperrt worden. Wir mussten nach Alicante ausweichen, 400 Kilometer weit weg, ins Estadio Rico Pérez vom Hércules Club. Wir spielten gegen Las Palmas, und ich machte das einzige Tor des Spiels. Ich stand am Strafraum und zog einfach ab. Der Torwart bekam die Hand noch an den Ball, aber der bekam einen solchen Effet, dass er hochflog und sich ins Tor krümmte."

---

**Primera División 1982/83**
**15. Spieltag, 12.12.1982**
**Estadio Rico Pérez, Alicante, Spanien**
**Real Madrid – UD Las Palmas 1:0**

R. Madrid – L. Palma!

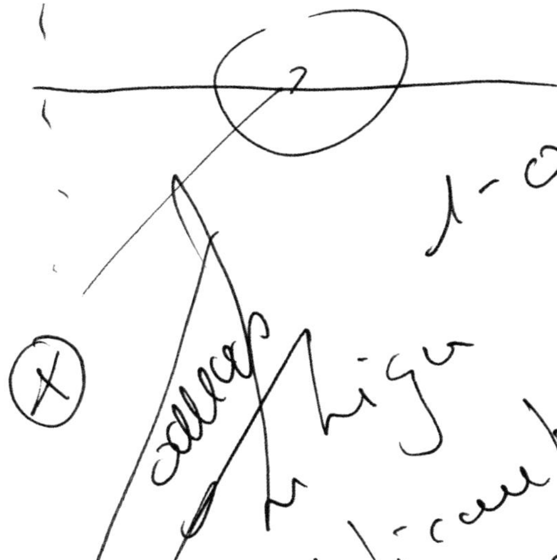

1–0

Liga

Alicante
(Hercules)!

# RAINER BONHOF

„Ich habe in meiner Karriere viele Tore aus der Distanz gemacht. Aber mein Tor gegen Schweden ist bei mir natürlich ganz besonders hängengeblieben. Weil es mein erstes Länderspieltor überhaupt war, weil ich es in unserem zweiten WM-Spiel erzielte, weil es ein Spiel bei strömendem Regen war, weil wir später Weltmeister wurden ... Und weil es ein schönes Billardtor war. Der Ball sprang vom linken an den rechten Pfosten und von dort ins Tor. Und eins muss man auch sagen: Der Gerd [Müller] hat den Ball super mit der Brust abgelegt.“

---

**WM 1974**
**Gruppe B, 30.6.1974**
**Rheinstadion, Düsseldorf, Deutschland**
**Deutschland – Schweden 4:2**

# ROBERTO AYALA

„Das Tor in La Rosaleda, in Málaga, für den FC Valencia, der damit zum ersten Mal nach 31 Jahren die Meisterschaft gewinnen konnte. Es war ein Eckball von Vicente, und ich habe mich gegen Fernando Sanz im Luftkampf durchgesetzt. Danach hat Fabio Aurélio das zweite Tor geschossen, ein Schuss, der von der Querlatte runterprallte. Sie haben ungefähr vier Minuten gebraucht, ehe das Tor anerkannt wurde ... Aber wir waren Meister!"

---

**Primera División 2001/02**
**37. Spieltag, 5.5.2002**
**La Rosaleda, Málaga, Spanien**
**Málaga – Valencia 0:2**

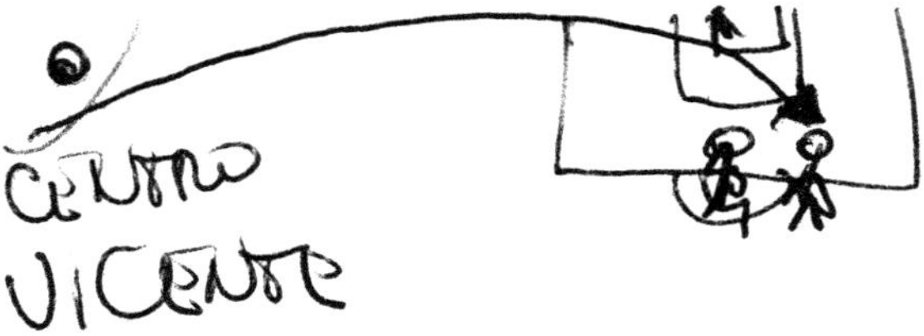
CENTRO
VICENTE

# LUIS FERNÁNDEZ

„Mein wichtigstes Tor? Das 1:1 gegen die UdSSR. Bei der WM in Mexiko. Warum? Weil's mit der französischen Nationalelf war! Bei einer WM! Und weil wir ohne das Tor vielleicht nicht weitergekommen wären. Wir lagen 1:0 zurück. Alain Giresse hat aus dem rechten Halbraum an den Elfmeterpunkt gepasst, ich bin in den freien Raum und habe sofort abgezogen."

**WM 1986**
**Vorrunde, Gruppe C, 5.6.1986**
**Estadio Nou Camp, León, Mexiko**
**Frankreich – UdSSR 1:1**

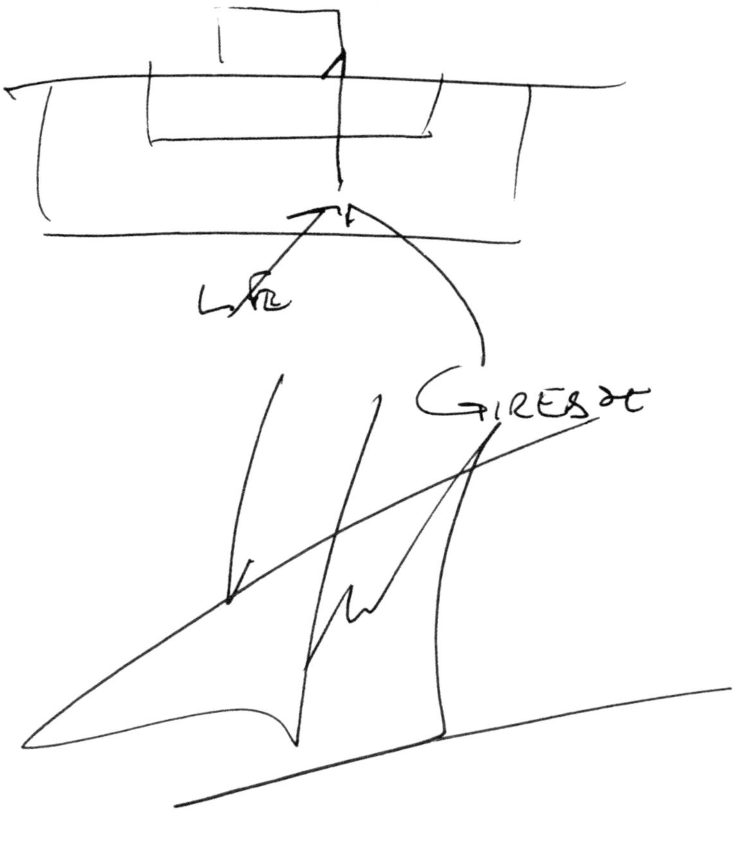

# BOBBY CHARLTON

„Mein wichtigstes Tor war sicherlich das 1:0 gegen Mexiko. Es war unser zweites Gruppenspiel der WM 1966 in Wembley. Zum Auftakt hatten wir gegen Uruguay 0:0 gespielt, und es kam uns vor, als hätten wir seit einer Ewigkeit nicht getroffen, als ich dann ein Tor schoss. Wir waren Gastgeber der WM! Ich bekam den Ball 50, 60 Meter vor dem gegnerischen Tor und traf mit einem schönen Weitschuss. Und damit war das Eis bei der WM gebrochen."

**WM 1966**
**Vorrunde, Gruppe 1, 16.7.1966**
**Wembley (old), London**
**England – Mexiko 2:0**

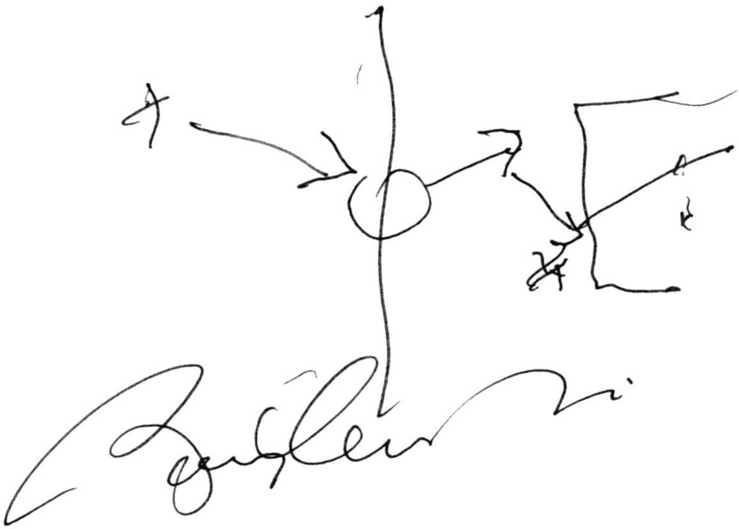

# ANTONIO MACEDA

„Es war das letzte Gruppenspiel, es ging um den Einzug ins Halbfinale. Es war lange nicht klar, wie es im anderen Spiel stand, Portugal gegen Rumänien lief zeitgleich. Kurz vor dem Ende bekamen wir mit, dass Portugal in Führung gegangen war – und wussten, dass wir gewinnen mussten. Wir bekamen einen Freistoß im Mittelfeld, und ich traute mich erst nicht, nach vorne zu gehen. Ich war ja eigentlich Verteidiger. Aber die Leute winkten wie verrückt: Ich sollte nach vorne. Der Freistoß wurde schnell ausgeführt, und ich sah, dass viele Leute Richtung erster Pfosten liefen. Ich lief deshalb in die entgegengesetzte Richtung. Als ich am Strafraum war, kam schon die Flanke von Señor. Toni Schumacher stand im Tor der Deutschen. Er hat den Ball noch berührt. Aber durch das 1:0 standen wir im Halbfinale.“

**EM 1984**
**Vorrunde, Gruppe 2, 20.6.1984**
**Parc des Princes, Paris, Frankreich**
**Spanien – BRD 1:0**

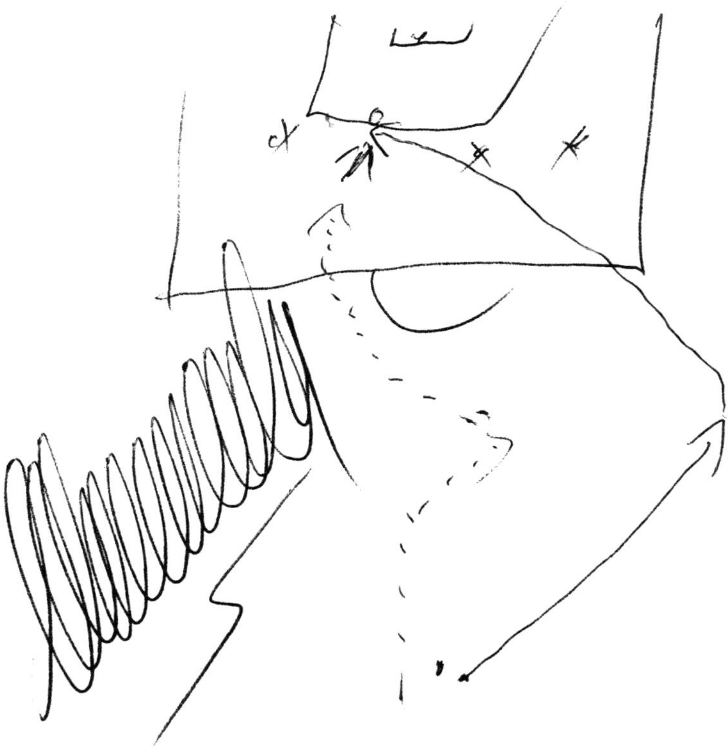

# JARI LITMANEN

„Für mich waren Tore immer dann wichtig, wenn sie auch wichtig für das Team waren. Klar: Du kannst ein schönes 3:0 oder 4:0 erzielen, aber ist das noch wichtig für das Resultat, für die Mannschaft? Das Tor, das ich am stärksten vor Augen habe, ist mein Treffer aus dem Champions-League-Finale von 1996 gegen Juventus Turin. Es war ein recht einfaches Tor, ein Abstauber nach einem Freistoß von Frank de Boer, den Angelo Peruzzi nicht halten konnte. Es war das 1:1, der Ausgleich, mit dem wir in die Verlängerung gingen. Im Elfmeterschießen haben wir leider verloren.“

**Champions League 1995/96**
**Finale, 22.6.1996**
**Stadio Olimpico, Rom**
**Ajax Amsterdam – Juventus Turin 1:1 (2:4 i. E.)**

CC FINAL-96

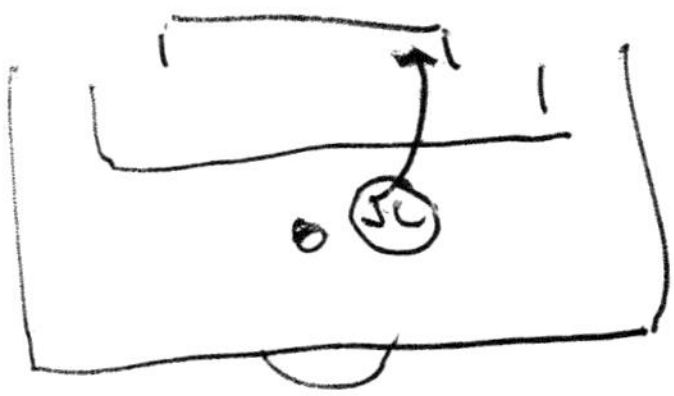

# DAVOR ŠUKER

„Dieses Tor war in zweifacher Hinsicht bedeutsam und unvergesslich: Es war das Spiel um den 3. Platz bei unserer ersten WM-Teilnahme mit Kroatien. Und es war mein sechstes Turniertor, sodass ich den Goldenen Ball [für den besten Schützen des Turniers] gewinnen konnte. Es war ein Konter: Asanović setzte sich auf der rechten Seite durch, gab den Ball zu Boban, und der bediente mich. Alle dachten, ich würde den Ball annehmen. Aber ich habe sofort geschossen, durch die Beine von Jaap Stam hindurch, an den zweiten Pfosten. Der Torwart hatte keine Zeit, sich auch nur zu bewegen.“

---

**WM 1998**
**Spiel um den 3. Platz, 11.7.1998**
**Parc de Princes, Paris, Frankreich**
**Niederlande – Kroatien 1:2**

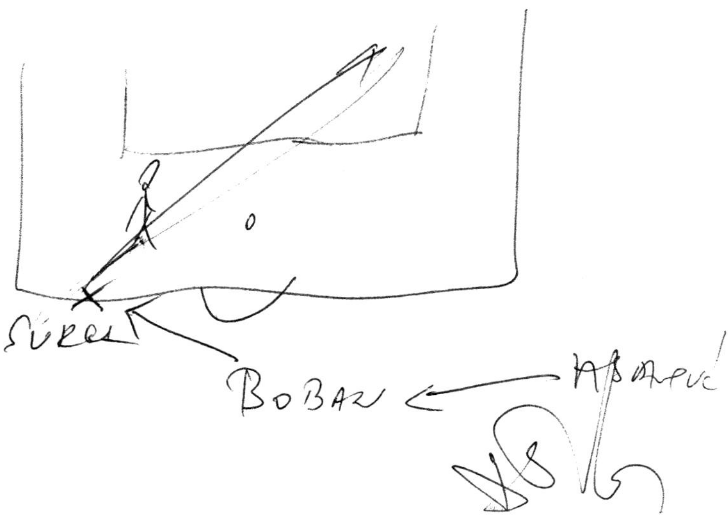
BOBAN

# FERNANDO MORIENTES

„Mein wichtigstes Tor? Gewiss das Tor im Finale von Paris. Wegen allem, was es bedeutete: weil es das 1:0 in einem Champions-League-Finale war. Es war ein sehr unübersichtlicher Spielzug. Nicolas Anelka und Míchel Salgado versuchten, sich auf der rechten Seite gegen die Verteidiger durchzusetzen. Ein Pass von Anelka ging nicht durch. Aber die Flanke von Míchel! Ich stand am zweiten Pfosten – und traf per Kopf.“

---

**Champions League 1999/2000**
**Finale, 24.5.2000**
**Stade de France, Paris**
**Real Madrid – FC Valencia 3:0**

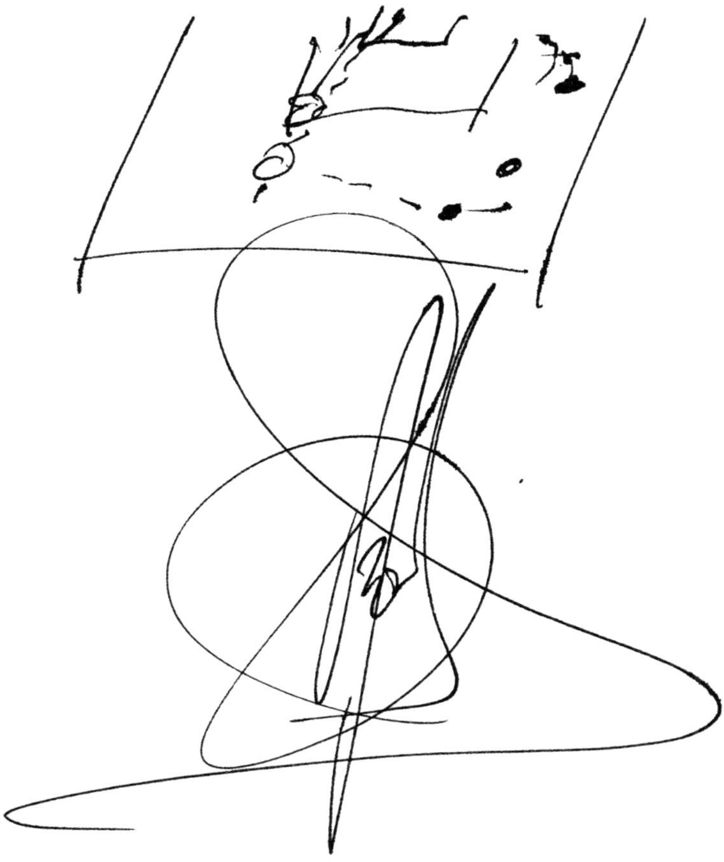

# PELÉ

Ich habe Pelé bei drei verschiedenen Weltmeisterschaften zum Interview getroffen, zuletzt bei der WM 2006. Ich saß in Köln, als ich einen Anruf bekam, ob ich nicht anderntags in Berlin sein könne, um ihn zu treffen und zu sprechen. Ich konnte und lud einen argentinischen Kollegen namens Andrés Prestileo ein, mitzukommen.

Pelé war bei Weltmeisterschaften für ein Kreditkarten-Unternehmen unterwegs, das Interview-Slots mit ihm vergab. Wie bei Hollywood-Stars bekam man eine zehn- bis fünfzehnminütige Audienz zugewiesen. Wir erhielten den letzten Slot, und weil sich bei Pelé über den Tag Verspätungen angehäuft hatten, war im Grunde keine Zeit mehr. Als wir anfingen zu sprechen, hätte Pelé längst zum Flughafen aufbrechen sollen. Dennoch redeten wir lange genug, um aus dem Gespräch ein seitenlanges Interview für die *Süddeutsche Zeitung* entstehen zu lassen.

Vor allem aber war noch Zeit, um ihm eine letzte Frage stellen zu können, nachdem ich ihm mein Moleskine-Buch mit den Zeichnungen anderer Fußballer gezeigt hatte: Welches wohl sein bestes und wichtigstes Tor gewesen sei?

Das wichtigste sei der Treffer gegen Wales bei der WM 1958 gewesen, mit dem Brasilien durch ein 1:0 das Halbfinale erreichte. Das schönste? Das Tor mit dem Lupfer im Finale gegen Schweden [5:2]. Das schwierigste sei der Elfmeter gewesen, mit dem er das 1000. Tor seiner Karriere schoss. Dann lachte Pelé, nahm das Büchlein in die Hand, wies meinen Kugelschreiber zurück und einen seiner Assistenten an, ihm einen Filzschreiber zu bringen.

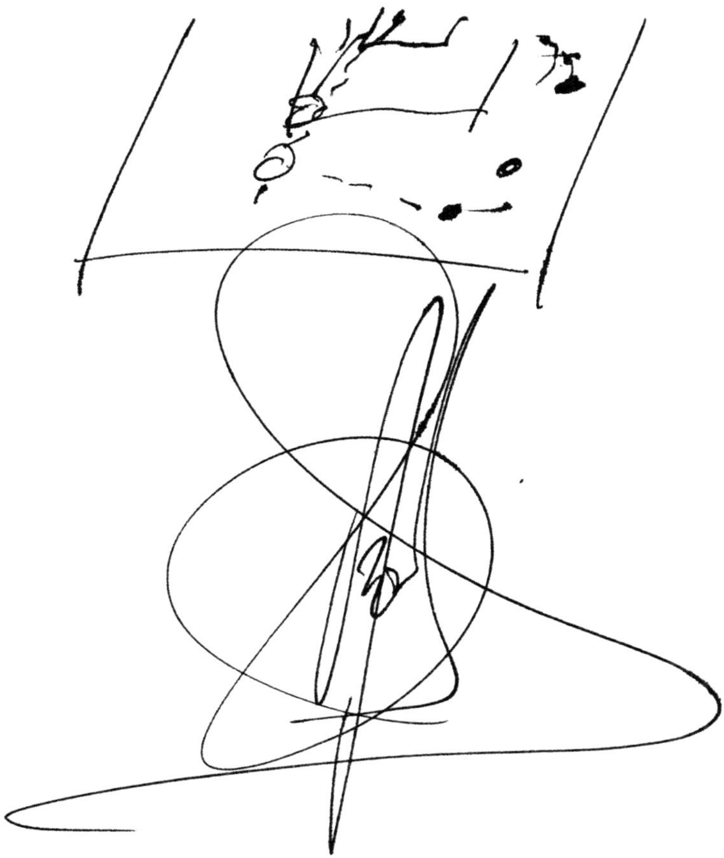

# PELÉ

Ich habe Pelé bei drei verschiedenen Weltmeisterschaften zum Interview getroffen, zuletzt bei der WM 2006. Ich saß in Köln, als ich einen Anruf bekam, ob ich nicht anderntags in Berlin sein könne, um ihn zu treffen und zu sprechen. Ich konnte und lud einen argentinischen Kollegen namens Andrés Prestileo ein, mitzukommen.

Pelé war bei Weltmeisterschaften für ein Kreditkarten-Unternehmen unterwegs, das Interview-Slots mit ihm vergab. Wie bei Hollywood-Stars bekam man eine zehn- bis fünfzehnminütige Audienz zugewiesen. Wir erhielten den letzten Slot, und weil sich bei Pelé über den Tag Verspätungen angehäuft hatten, war im Grunde keine Zeit mehr. Als wir anfingen zu sprechen, hätte Pelé längst zum Flughafen aufbrechen sollen. Dennoch redeten wir lange genug, um aus dem Gespräch ein seitenlanges Interview für die *Süddeutsche Zeitung* entstehen zu lassen.

Vor allem aber war noch Zeit, um ihm eine letzte Frage stellen zu können, nachdem ich ihm mein Moleskine-Buch mit den Zeichnungen anderer Fußballer gezeigt hatte: Welches wohl sein bestes und wichtigstes Tor gewesen sei?

Das wichtigste sei der Treffer gegen Wales bei der WM 1958 gewesen, mit dem Brasilien durch ein 1:0 das Halbfinale erreichte. Das schönste? Das Tor mit dem Lupfer im Finale gegen Schweden [5:2]. Das schwierigste sei der Elfmeter gewesen, mit dem er das 1000. Tor seiner Karriere schoss. Dann lachte Pelé, nahm das Büchlein in die Hand, wies meinen Kugelschreiber zurück und einen seiner Assistenten an, ihm einen Filzschreiber zu bringen.

1.282
gooool
Pelé

Wir saßen einander gegenüber, und ich konnte nicht sehen, was er da stumm und in sich gekehrt hinmalte. Es dauerte so lange, dass seine Entourage nervös zu werden begann. Und ich auch. Nervosität ist ansteckend. Er musste doch zum Flieger, weiter in die nächste WM-Stadt reisen, auch anderswo Pelé sein!
Es mögen Minuten gewesen sein, in denen wir alle stumm und fasziniert auf Pelé blickten. Bis er fertig war, mir das offene Büchlein lächelnd zurückgab und einen einzigen Satz sagte: „Alle meine Tore waren wichtig."

# MARC DEGRYSE

„Wir haben in Brüssel den großen FC Barcelona von Johan Cruyff geschlagen. 2:0! Gegen eine Mannschaft, in der Koeman stand und Laudrup ... Wir sind im Rückspiel in der Verlängerung weitergekommen, trotz einer 1:2-Niederlage. Mein Tor? Ein strammer Rechtsschuss aus spitzem Winkel an den ersten Pfosten. Gegen Barcelonas Torwart Andoni Zubizarreta!“

**Europapokal der Pokalsieger 1989/90**
**Achtelfinale, Hinspiel, 18.10.1989**
**Constant Vanden Stock Stadion, Anderlecht, Belgien**
**RSC Anderlecht – FC Barcelona 2:0**

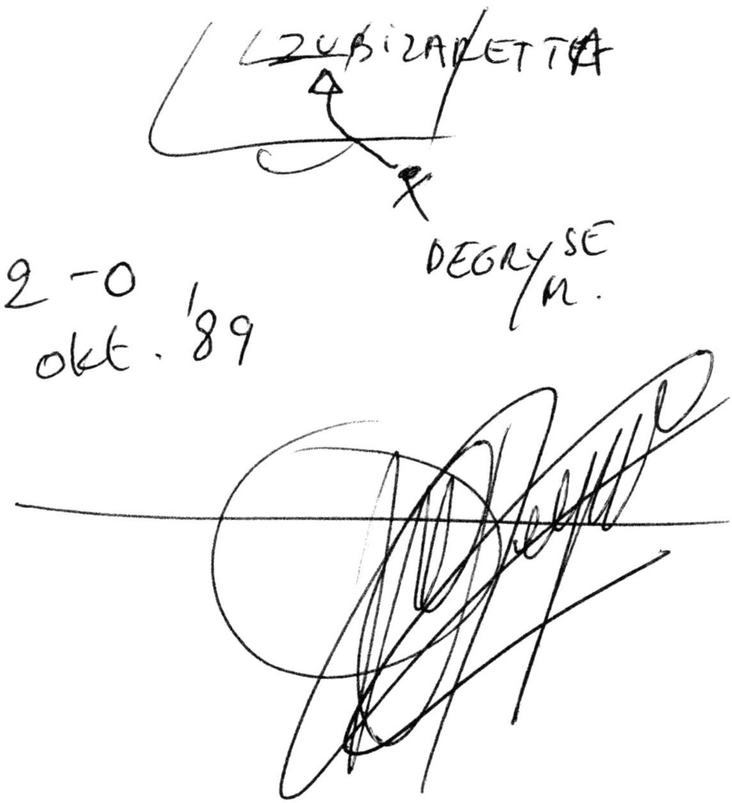
ZUBIZARRETTA
DEGRYSE M.
2-0
okt. '89

# ÓSCAR RUGGERI

„Wenn ich unter all den Toren, die ich für Klubs und die Nationalelf geschossen habe, eines aussuchen muss – dann das Tor gegen Südkorea bei der WM 1986. Weil wir die WM gewonnen haben. Und weil es nach einem Freistoß war, den Diego Maradona geflankt hatte. Und ich habe ihn in den Winkel geköpft."

**WM 1986**
**Vorrunde, Gruppe A, 2.6.1986**
**Estadio Olímpico Universitario,**
**Mexiko-Stadt, Mexiko**
**Argentinien – Südkorea 3:1**

# FRANZ „BULLE" ROTH

„Ich stand mit dem FC Bayern in vier europäischen Endspielen und erzielte in drei Finals entscheidende Tore. 1976 schoss ich gegen AS Saint-Étienne das Siegtor, 1975 gegen Leeds United das wichtige 1:0 – Gerd Müller erzielte das zweite –, doch das wichtigste war der Treffer im Europapokal-Finale von 1967, gegen Glasgow Rangers, weil es den Beginn der großen Bayern-Ära markierte. Es war unser erster internationaler Triumph. Und das Tor war auch deshalb so besonders, weil es schwierig war, den Ball überhaupt zu treffen.

Rainer Ohlhauser hat mir in der Verlängerung einen richtig hohen Ball in den Strafraum gespielt. Mein Verteidiger hat mich an der Schulter erwischt und mich gezogen. Aber ich sah den Ball von der Seite kommen und konnte das Bein hochheben – und schaffte es so, den Ball über den Torwart zu lupfen. Nach dem Spiel bin ich zum Schiedsrichter gegangen und habe ihn gebeten, mir den Ball zu geben. Jetzt liegt er im Bayern-Museum."

---

**Europapokal der Pokalsieger 1966/67**
**Finale, 31.5.1967**
**Frankenstadion, Nürnberg, Deutschland**
**Glasgow Rangers – FC Bayern 0:1 (n. V.)**

# CIRO FERRARA

„Manchmal sage ich: Nicht ich habe mit Maradona gespielt. Maradona hat mit mir gespielt! Im Scherz natürlich. Aber wenn ich an mein wichtigstes Tor denke, im UEFA-Cup-Finale von Stuttgart, muss ich an ihn denken. Er flankte einen Eckstoß in den Strafraum, der abgewehrt wurde und wieder bei ihm landete. Maradona stieß den Ball mit dem Kopf Richtung Fünfmeterraum. Und ich kam von hinten angelaufen und schoss ihn mit rechts zum 2:1 ins Tor."

---

**UEFA-Cup 1988/89**
**Finale, Rückspiel, 17.5.1989**
**Stuttgart, Neckarstadion**
**VfB Stuttgart – SSC Neapel 3:3 (Hinspiel 1:2)**

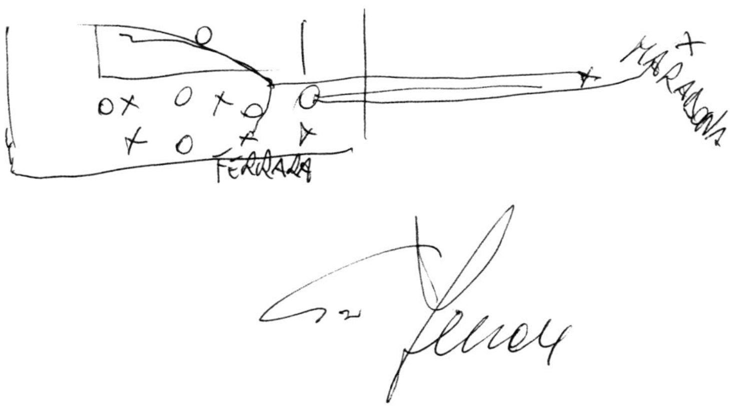

FERRARA
MARADONA

# JUST FONTAINE

„Wir haben mit Stade de Reims immer zu Neujahr Freundschaftsspiele bestritten. Wir bekamen dafür richtig hohe Prämien, 50 000 Francs pro Kopf, das war damals viel Geld. Am 1. Januar 1959 haben wir gegen Real Madrid gespielt, und ich habe ein Tor gegen den großen Santamaría erzielt, er war mein Bewacher. Das war ein Tor, das dem Treffer ähnelte, den Pelé im WM-Finale 1958 erzielt hatte. Ich habe den Ball mit der Brust kontrolliert, über Santamarías Kopf hinweggehoben und dann mit links volley aus 18 Metern in den Winkel geschossen. Booooom!!!“

**Freundschaftsspiel 1959**
**1.1.1959**
**Stade Henri-Fouquès-Duparc, Oran, Algerien**
**Real Madrid – Stade de Reims 2:1**

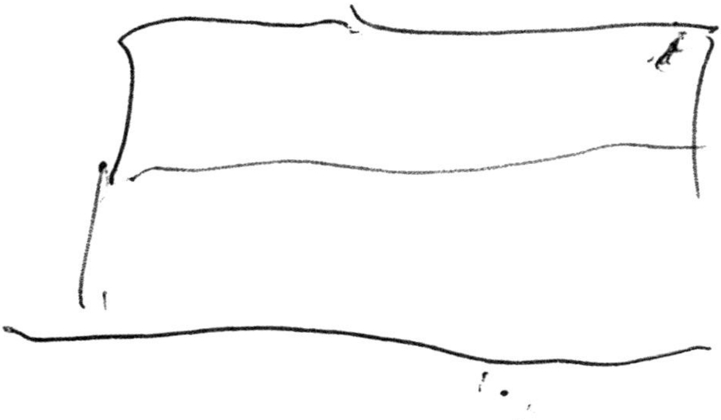

# KAI HAVERTZ

„Es war immer mein Ziel, die Champions League zu gewinnen. Mein Kindheitstraum. Wenn du diese Trophäe dann in den Händen hältst, mit deiner Familie auf dem Rasen stehst, weißt du: Egal, was noch passiert – deine Karriere wirst du glücklich beenden. Das war auch das Erste, was ich damals zu meinem Bruder gesagt habe, nachdem wir mit 1:0 gegen Manchester City gewonnen hatten. Durch mein Tor.
Unser Torwart, Mendy, hatte den Ball zu Ben Chilwell gespielt und der wiederum zu Mason Mount, der sich kurz vor der Mittellinie um die eigene Achse drehte und mir den Ball in den Lauf spielte. Éderson, der Torwart von City, kam herausgelaufen, und als ich den Ball an ihm vorbeilegte, berührte er ihn noch. Aber nicht genug, um ihn zu stoppen. Und dann schob ich den Ball ins Tor.
Viele Leute fingen an, mich daran zu messen, und sagten: Er hat ein Finaltor in der Champions League geschossen, der muss jetzt dies machen oder das. Ich weiß auch, dass es Spieler gibt, die unter solchen Situationen leiden. Meine Eltern konnten zwar nicht wissen, dass ich Fußballprofi würde. Aber sie haben mich immer dazu angehalten, mit den Füßen auf der Erde zu bleiben. Deswegen sage ich: Am Ende war es nur ein Tor.“

---

**Champions League 2020/21**
**Finale, 29.5.2021**
**Estádio do Dragão, Porto, Portugal**
**Manchester City – FC Chelsea 0:1**

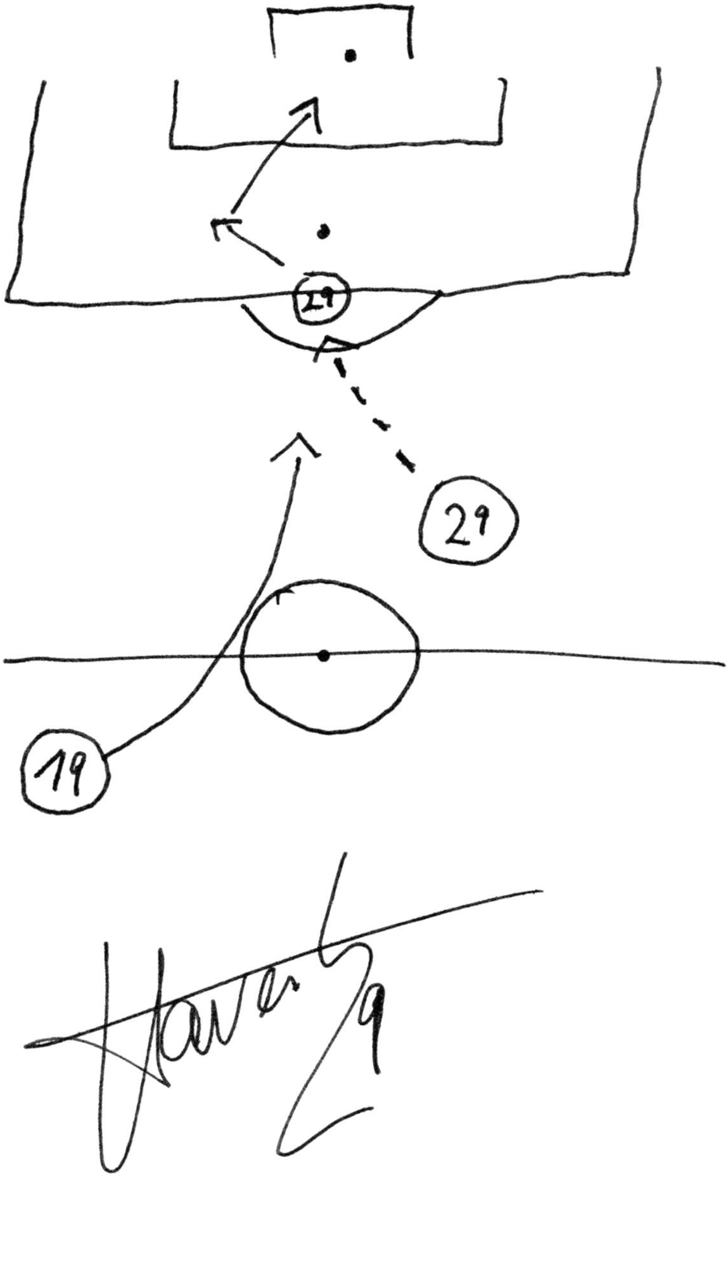
29
29
19

# JOSÉ ALTAFINI

„Ich werde oft gefragt: ‚José, was war dein schönstes Tor?' In meiner Autobiografie *Instantanee di un campione* (*Schnappschüsse eines Champions*) schreibe ich: ‚Ecco: Mein schönstes Tor steht auf der nächsten Seite.' Wenn man umblättert, sieht man ein Foto der Hochzeit mit meiner Frau. Und das meine ich sehr ernst. Aber wenn man das mal ausnimmt, würde ich das Tor gegen Benfica wählen. Als wir 1963 den Landesmeisterpokal holten. Eusébio hatte Benfica in Führung gebracht. Dann glich ich nicht nur aus, sondern schoss auch das Siegtor zum 2:1. Ein portugiesischer Spieler – ich glaube, es war Humberto – wollte den Ball an der Mittellinie einem Mitspieler geben, aber [Gianni] Rivera sprang dazwischen. Der Abpraller landete vor meinen Füßen, und dann bin ich bis zum Strafraum gelaufen. Beim ersten Mal hat der Torwart noch abgewehrt. Aber den Nachschuss habe ich ins Tor gelegt."

**Europapokal der Landesmeister 1962/63**
**Finale, 22.5.1963**
**Wembley (old), London**
**AC Milan – Benfica Lissabon 2:1**

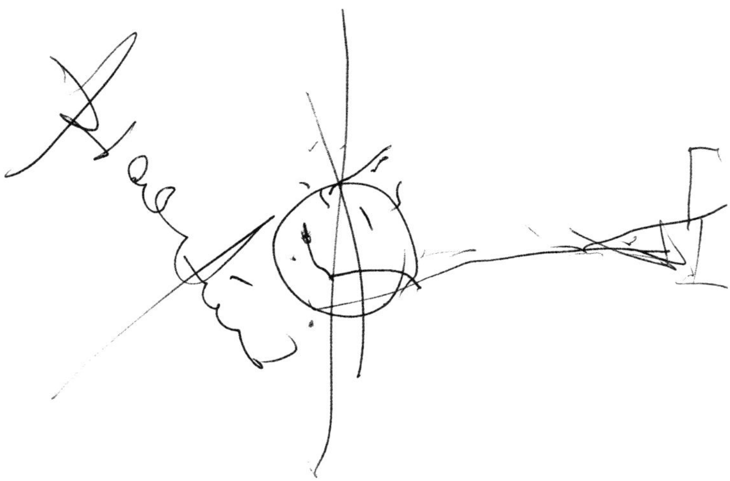

# TOSTÃO

„Das schönste und technisch anspruchsvollste Tor meiner Karriere war nicht mein wichtigstes. Ich habe einen Pokalsieg gegen den FC Santos herausgeschossen und 1969 zwei sehr wichtige Tore gegen Kolumbien in der WM-Qualifikation ... Aber das schönste Tor war eines, bei dem ich Pelé war. Ich habe den Ball über einen ersten Verteidiger gelupft und dann über einen zweiten, und als der Torwart herausstürmte, lupfte ich den Ball auch über ihn hinweg. Es war gegen Araxá. Nur das Jahr weiß ich nicht mehr. Es war irgendwann zwischen 1965 und 1970, in der Regionalmeisterschaft von Minas Gerais, als wir mit Cruzeiro Belo Horizonte fünf Mal hintereinander Meister des Bundesstaats Minas Gerais wurden.“

---

**Regionalmeisterschaft Minas Gerais**
**Zwischen 1965 und 1970**
**Estádio Governador Magalhães Pinto, genannt „Mineirão“, Belo Horizonte, Brasilien**
**Cruzeiro – Araxá (Ergebnis unbekannt)**

# JAY JAY OKOCHA

„Es war ein Konter gegen Karlsruhe. Ich hatte anfangs gar nicht den Ball. Unser Spielmacher Uwe Bein kam über links und passte ihn zu mir – ich vermute, weil er keine Schussmöglichkeit hatte. Der Keeper kam heraus, und viele Spieler waren in den Strafraum zurückgefallen. Ich habe dann den Ball bloß behalten, um den richtigen Moment zu erwischen. Ich war mir einfach lange nicht sicher, ob ich das Tor auch erzielen würde. Bis sich dann doch die entscheidende Lücke auftat. Hinterher sagte mir mein Coach [Klaus Toppmöller]: Wenn ich den nicht gemacht hätte, hätte er mich nie wieder aufgestellt …“

**Bundesliga 1993/94**
**5. Spieltag, 31.8.1993**
**Waldstadion Frankfurt, Deutschland**
**Eintracht Frankfurt – Karlsruher SC 3:1**

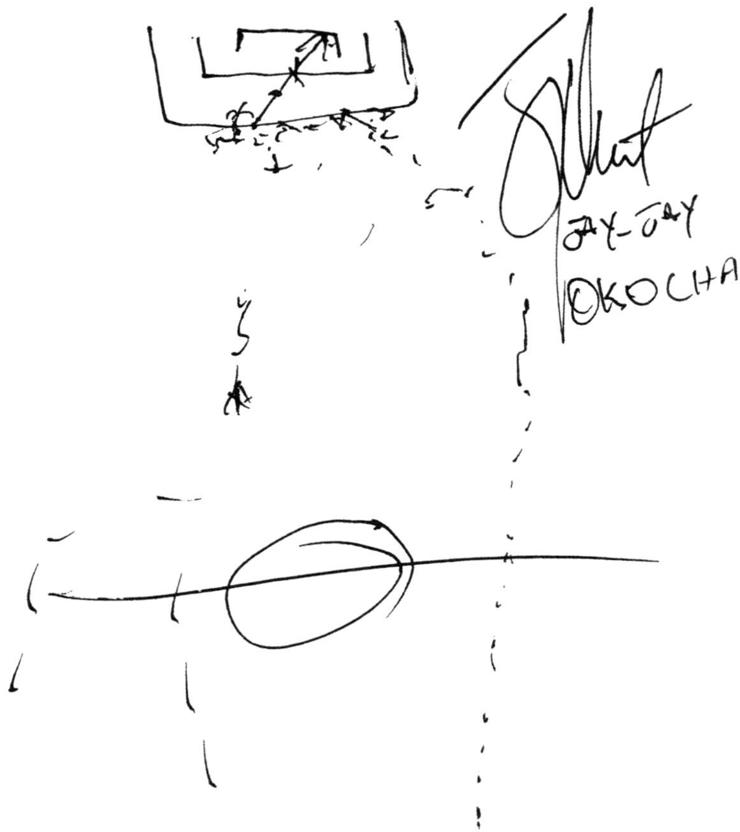
JAY-JAY
OKOCHA

# SAMI HYYPIÄ

„Für mich war das ein total wichtiges Spiel. Rafa Benítez, unser Trainer, hatte im Winter Mauricio Pellegrino aus Valencia geholt, und deshalb war ich einen Monat lang ohne Startelfeinsatz gewesen. Pellegrino war für die Champions League nicht spielberechtigt, deswegen wusste ich: Gegen Juventus würde ich spielen. Und ich war bereit! Denn wenn ich nicht gespielt habe, dann habe ich mich nicht beim Trainer beschwert, sondern mich einfach gut vorbereitet. Gegen Juventus habe ich dann nach zehn Minuten getroffen. Es gab eine Ecke von rechts, Luis García hat per Kopf verlängert, und ich habe am zweiten Pfosten eingeschossen. Lilian Thuram sollte mich decken, aber er hat nur auf den Ball geguckt – und ich habe mich auf den Lauf konzentriert ... Das Witzige ist: Ich habe alle drei Jahre mehr oder weniger das gleiche Tor gemacht! Immer im Viertelfinale der Champions League. 2002 gegen Leverkusen [1:0], 2005 – und dann 2008 nochmal, im Viertelfinale, diesmal beim 4:2 gegen Arsenal.“

---

**Champions League 2004/2005**
**Viertelfinale, Hinspiel, 5.4.2005**
**Anfield, Liverpool, England**
**FC Liverpool – Juventus Turin 2:1 (Rückspiel 0:0)**

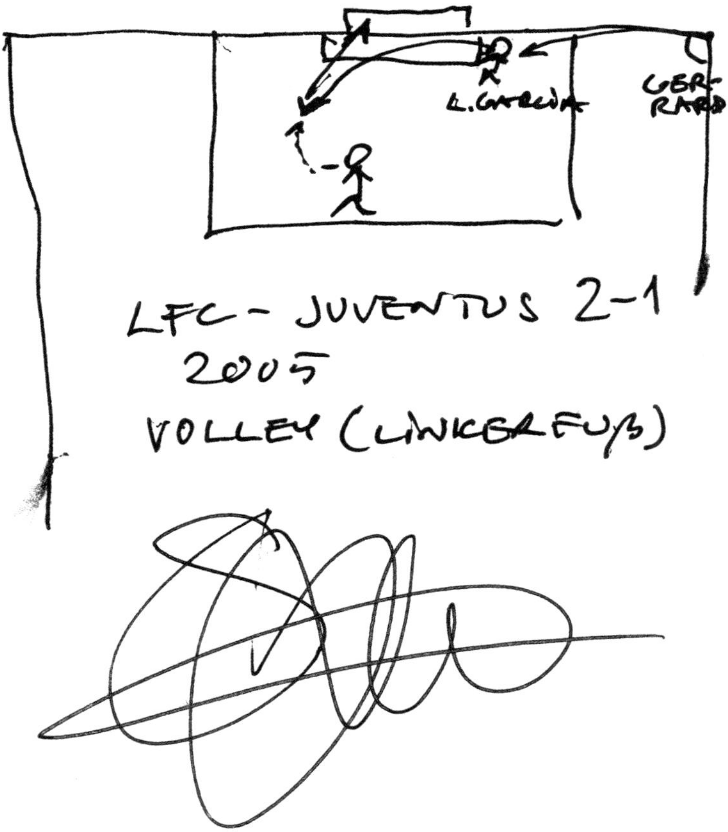
L. GARCIA
GER-
RARD
LFC - JUVENTUS 2-1
2005
VOLLEY (LINKERFUß)

# THOMAS HITZLSPERGER

„Es war der 19. Mai 2007, gegen Energie Cottbus, am letzten Spieltag der Saison. Wir gingen als Spitzenreiter mit zwei Punkten Vorsprung in der Tabelle auf Schalke 04 in die Partie. Und lagen dann gegen Cottbus mit 0:1 zurück. Ich habe noch in der ersten Halbzeit den Ausgleich gemacht, nach einem einstudierten Standard, den Pável Pardo und ich oft geübt hatten. Pável spielte die Ecke in den Rückraum – und ich zog dann volley ab. Das Lustige ist: Kurz vor dem Tor hatten wir den Standard bei einer anderen Ecke genauso ausgeführt. Beim zweiten Mal geriet mir der Schuss zwar etwas zentral – aber [Torwart Tanislav] Piplica konnte nichts machen. Den hätte nicht mal der Titan gehalten. Was wir zu dem Zeitpunkt nicht wussten: dass uns ein Punkt gereicht hätte, um Meister zu werden. Sami Khedira machte später noch das 2:1. Und damit war die Sache durch.“

---

**Bundesliga 2006/2007**
**34. Spieltag, 19.5.2007**
**Neckarstadion, Stuttgart, Deutschland**
**VfB Stuttgart – Energie Cottbus 2:1**

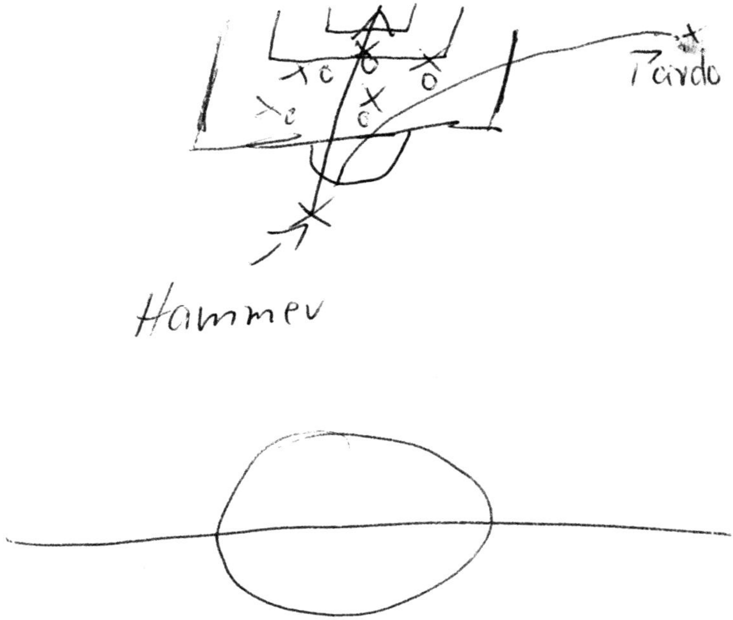


Paris, 16.6.16

# FRANCISCO VALDÉS

Am 11. September 1973 putschte der faschistische General Augusto Pinochet gegen den Präsidenten Salvador Allende – den weltweit ersten Marxisten, der in freier Wahl zum Staatschef bestimmt worden war – und badete das Land in Blut. Er ließ den Präsidentenpalast La Moneda bombardieren, Allende starb mit der Waffe in der Hand. Abertausende wurden gemeuchelt, gefoltert, verfolgt, verbannt, ins Exil geschickt, verschwanden. Auch der Fußball war betroffen. Unter anderem, weil das größte Stadion des Landes – das Estadio Nacional de Santiago – in ein Gefangenenlager und Folterzentrum verwandelt wurde. Und weil Chile in Hin- und Rückspiel um den letzten verbliebenen Platz bei der WM 1974 gegen die Sowjetunion – den ideologischen Feind schlechthin – spielen sollte.

Das Hinspiel war für den 26. September vorgesehen. In Moskau. Doch unmittelbar nach dem Putsch war an eine Reise nicht zu denken. Pinochets Militärjunta hatte die Grenzen geschlossen. Erst Tage später wurde die Nationalmannschaft zum Flughafen gefahren und flog in einer Militärmaschine über Mexiko und Paris nach Moskau. Chile trat dort im Lenin-Stadion an und sicherte sich ein 0:0. TV-Bilder davon existieren nicht. Doch die Legende

---

**Qualifikation zur WM 1974**
**Rückspiel der internationalen Playoffs, 21.11.1973**
**Estadio Nacional de Santiago, Chile**
**Chile – UdSSR 2:0 (kampflos)**

besagt, dass die Chilenen regelrecht wüten durften. Der Schiedsrichter war ein bekennender Antikommunist aus Brasilien.

Das Rückspiel, es war für den 21. November 1973 angesetzt worden, wurde zum Politikum. Die Sowjetunion forderte, das Spiel auf neutralem Boden auszutragen. Man werde keinesfalls in einem KZ antreten. Der Weltverband FIFA schickte eine Platzkommission nach Santiago. Sie kümmerte sich zwar um die Bespielbarkeit des Platzes, sah über die politischen Gefangenen auf den Tribünen aber geflissentlich hinweg. Sie kam zu dem Schluss: Es kann gespielt werden.

Bis zuletzt war nicht klar, ob die Sowjets antreten würden oder nicht. An den Tagen vor dem Spiel wurden die verbliebenen Gefangenen in die Atacama-Wüste verschleppt. Und der chilenische Verband nahm den FC Santos unter Vertrag – für den Fall, dass die Mannschaft der UdSSR tatsächlich nicht erschien. Sie kam nicht. Und so entspann sich eine beschämende Farce. Die Chilenen formierten sich auf dem Rasen und schoben sich, nachdem der österreichische Schiedsrichter Erich Linemayr angepfiffen hatte, den Ball zu. Gegen einen nicht existenten Gegner. Als sie vor dem Tor standen, erzielte der Kapitän einen Treffer: Francisco Valdés, genannt „Chamaco". Chile wurde kampflos zum Sieger erklärt. Danach spielte Chiles Nationalteam gegen Santos, und ging mit 0:5 unter. Vor den Augen von 17 000 Zuschauern, unter denen mindestens ein Folteropfer war: der frühere Nationalspieler Hugo Lepe, dem die Militärs die Schienbeine mit Gewehrkolben traktiert hatten.

Viele Jahre später, Ende 2005, traf ich „Chamaco" Valdés in einem Café in Santiago und erzählte ihm von einem italienischen Buch namens *Lo stadio dei sogni (Das Stadion der Träume)* von 1997, das einen fiktiven Brief von ihm, Valdés, an den chilenischen Nobelpreisträger und Dichter Pablo Neruda enthält. Auch er, ein Kommunist, war Tage nach dem Putsch gestorben, unter sehr seltsamen Umständen. Noch Jahrzehnte später wurde untersucht, ob Neruda von Schergen Pinochets vergiftet worden war. In dem erfundenen Brief an den toten Neruda entschuldigt sich Valdés für seinen Beitrag zu dem absurden Spektakel und erklärt seine Reue. Valdés war empört: „Wie sollte ich mich für ein Tor schämen, durch das Chile sich für eine Weltmeisterschaft qualifizierte?!"

# ALESSANDRO DEL PIERO

„Das Tor gegen Deutschland zum 2:0 im Halbfinale der WM 2006.“

**WM 2006**
**Halbfinale, 4.7.2006**
**BVB Stadion Dortmund, Deutschland**
**Deutschland – Italien 0:2 (n. V.)**

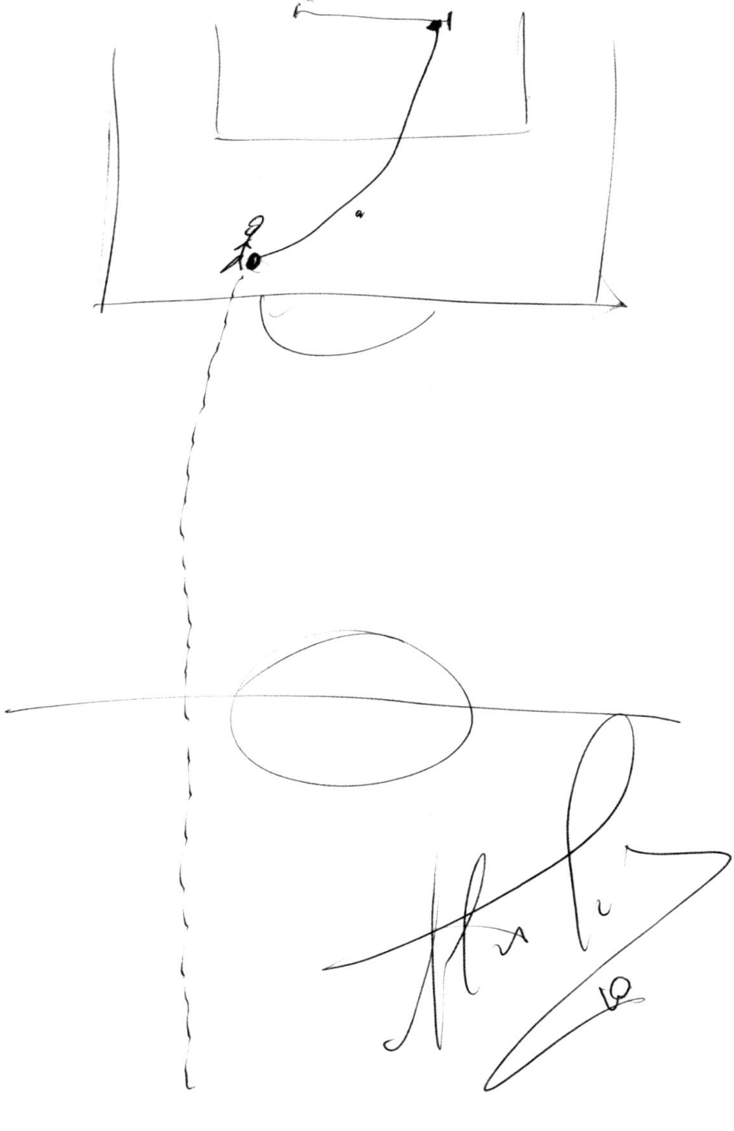

# CACAU

„Für mich gab es kein emotionaleres Tor als meinen Treffer bei der WM 2010 gegen Australien. Es war mein erstes Tor mit der deutschen Nationalmannschaft, und dann war es auch noch ein WM-Tor! Ich hatte immer davon geträumt, bei einer WM ein Tor zu schießen. Ich war eingewechselt worden, und zwei Minuten später spielte Mesut Özil Holger Badstuber an, der den Ball zu Özil zurückspielte, und der schob ihn quer zu mir herüber, so dass ich nur noch einschieben musste.“

**WM 2010**
**Vorrunde, Gruppe D, 13.6.2010**
**Moses Mabhida Stadium, Durban, Südafrika**
**Deutschland – Australien 4:0**

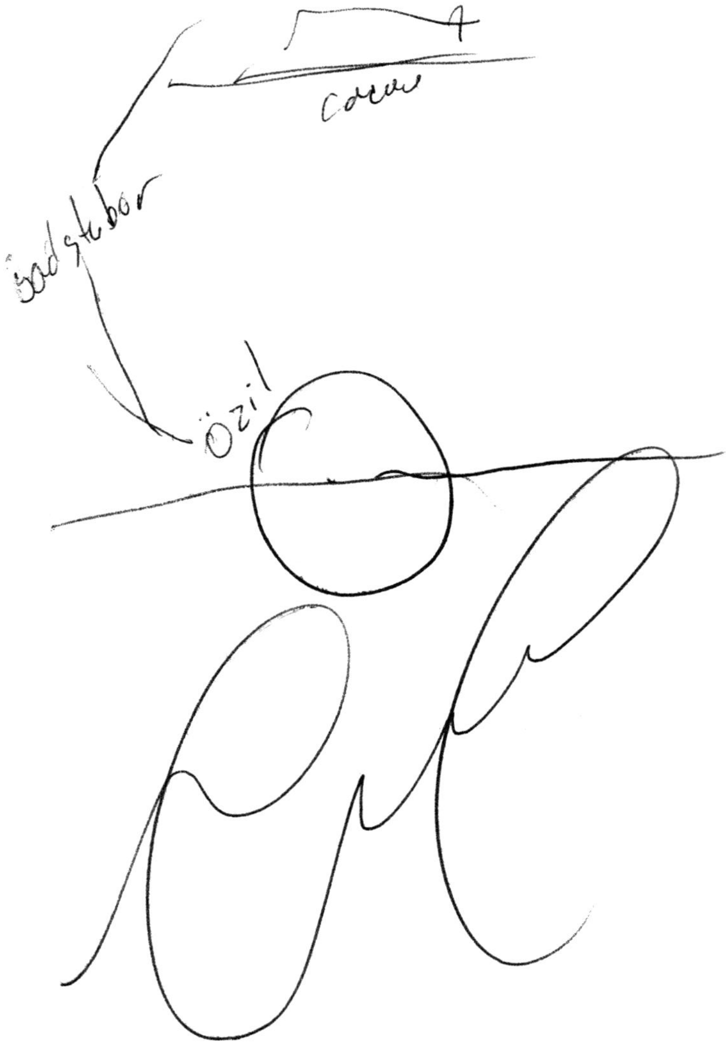
özil

# STEVE McMANAMAN

„Es war nicht mein schönstes Tor, vielleicht müsste man sogar sagen: bei weitem nicht das schönste. Aber es war das wichtigste Tor. Wegen des Anlasses – dem Champions-League-Finale von Paris – und wegen meiner persönlichen Situation. Es war mein erstes Jahr in Spanien, und es war alles andere als einfach gewesen, meine Komfortzone in Liverpool und meine Familie in England zu verlassen, um in Madrid zu spielen. Die Saison selbst war seltsam gewesen. Der Trainer wurde gewechselt [für John Toshack kam Vicente del Bosque], und wir hatten in der spanischen Liga Probleme – was auch daran lag, dass wir mitten in der Saison zur Klub-WM nach Brasilien mussten und wegen der Partien, die wir deshalb verpassten, ein Nachholspiel nach dem anderen hatten und ausgelaugt waren. Aber: Wir erreichten das Finale der Champions League! Das Endspiel war eine spanische Angelegenheit: Wir spielten gegen Valencia. Wir haben das Endspiel recht bequem gewonnen. Morientes schoss das erste, ich das zweite Tor, später legte Raúl noch nach. Mein Tor war ein Volley-Scherenschlag vom Strafraum, nach einer Kopfballabwehr. Er ging in die rechte Torecke. Es war technisch nicht das anspruchsvollste Tor meiner Karriere. Aber in Sachen Bedeutung definitiv die Nummer 1.“

---

**Champions League 1999/2000**
**Finale, 24.5.2000**
**Stade de France, Paris**
**Real Madrid – FC Valencia 3:0**

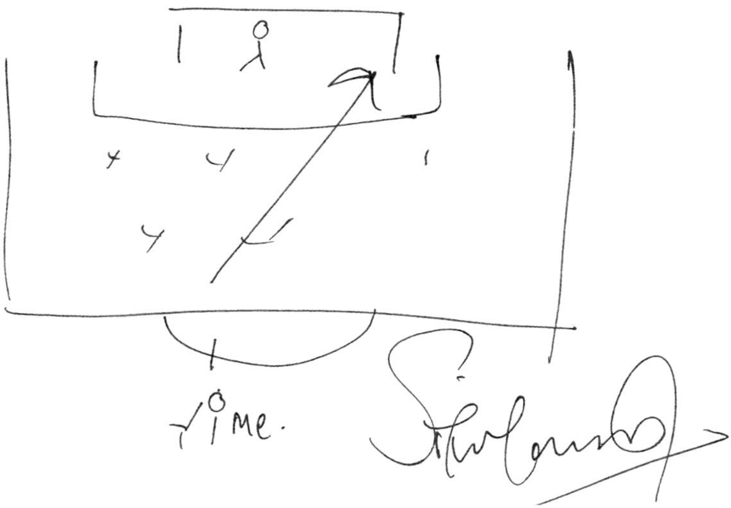
Time.

# DUNGA

„Mein Elfmeter im WM-Finale von 1994, im Elfmeterschießen gegen Italien, war nicht mein schönstes, aber mein wichtigstes Tor. Auf uns lastete ein enormer Druck, denn Brasilien war seit 1970 nicht mehr Weltmeister geworden. 24 Jahre. Was wohl geschehen wäre, wenn wir nicht gewonnen hätten? Erinnern Sie sich nur daran, was mit Andrés Escobar nach der WM 1994 in Kolumbien passierte.

Die 90 Minuten endeten torlos, die Verlängerung ebenfalls. Zum ersten Mal in der Geschichte der WM kam es zu einem Elfmeterschießen. Ich sollte den vierten Elfmeter schießen. Beim Stand von 2:2. Der italienische Kapitän Franco Baresi hatte übers Tor geschossen, Márcio Santos war an Pagliuca gescheitert, Albertini und Evani hatten danach für Italien, Romário und Branco für uns getroffen. Unser Torwart Taffarel hatte den Elfmeter von Daniele Massaro gehalten. Dann trat ich an. Der Torwart flog in die linke Ecke, ich schoss in die rechte. Wir siegten 3:2. Denn nach mir verschoss Roberto Baggio.

Und wissen Sie, warum ich das Tor so klein male? Weil es an dem Tag nicht größer war, sondern genauso klein wie hier."

---

**WM 1994**
**Finale, 17.7.1994**
**Rose Bowl, Pasadena, USA**
**Brasilien – Italien 0:0 (3:2 i. E.)**

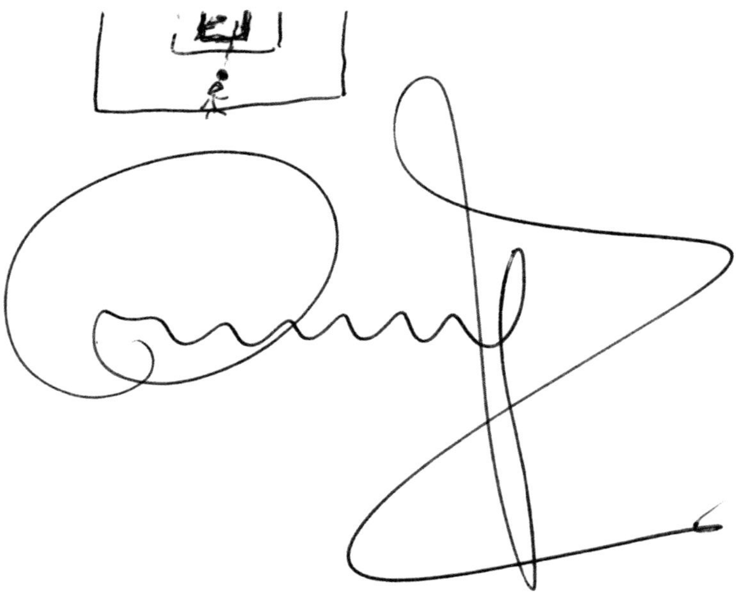

# ULI STIELIKE

„Mein wichtigstes Tor war ohne Zweifel der Treffer, der am letzten Spieltag der Saison 1976/77 zum 2:2 beim FC Bayern führte. In jenem Spiel ging es für uns in der Bundesliga um die Wurst. Um sicher Meister zu werden, mussten wir einen Punkt holen. Schalke war vor dem letzten Spieltag zwei Punkte hinter uns. Ich hatte an diesem Tag die Rolle als hängender Mittelstürmer auszufüllen. Vor allem, um die Angriffe von Franz Beckenbauer zu unterbinden. Und dann habe ich nicht nur das 1:0 von Jupp Heynckes vorbereitet, sondern auch den glücklichen Moment erlebt, gegen Sepp Maier ein Tor aus gut 25 Metern zu erzielen. Die Bayern glichen noch sehr spät aus, aber es gab ja damals keine acht Minuten Nachspielzeit. Wir waren Meister. Und danach war in München Party. Obwohl wir wussten, dass vier Tage später das Landesmeister-Pokalfinale in Rom gegen den FC Liverpool war – übrigens mein letztes Spiel für die Borussia. Ich bin mir sicher: Wenn nach dem Spiel nicht so viel Druck von uns abgefallen wäre, dann hätten wir auch den Landesmeisterpokal gewonnen …“

---

**Bundesliga 1976/77**
**34. Spieltag, 21.5.1977**
**Olympiastadion, München**
**FC Bayern München –**
**Borussia Mönchengladbach 2:2**

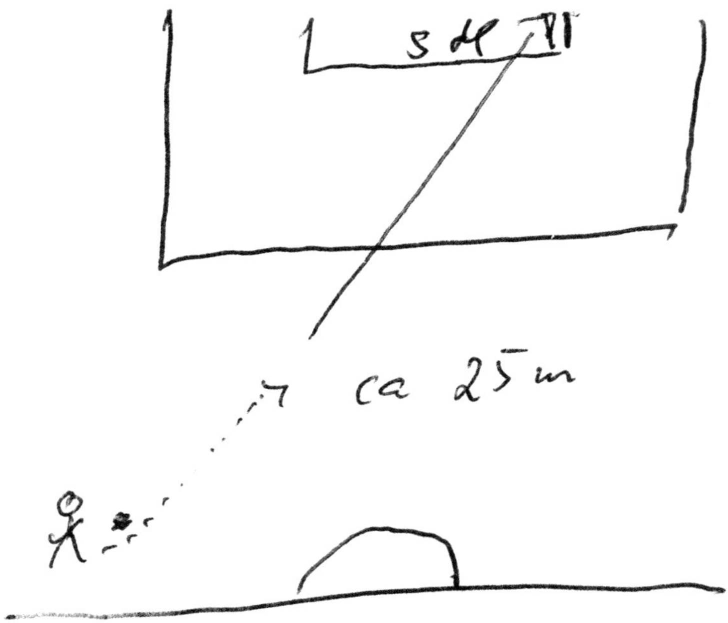

21.10.23

# NIA KÜNZER

» Ich spielte in der Abwehr, deshalb habe ich nicht so viele Tore geschossen. Die meisten waren tatsächlich Standardtore. Bei Ecken und Freistößen durfte ich immer nach vorne, weil ich kopfballstark war. Im DFB-Pokalfinale von 1999, als wir gegen Duisburg mit dem 1. FFC Frankfurt erstmals den Cup geholt haben, habe ich auch das entscheidende Tor geschossen. Aber das Golden Goal aus dem WM-Finale 2003, das Golden Goal aus der 98. Minute, steht noch ein wenig drüber. Das Lustige war, dass ich da schon körperlich am Limit war, obwohl ich erst zur 88. Minute eingewechselt worden war, hahaha. Aber im Ernst: Es war schwierig, ins Spiel zu kommen, so etwas ist nicht immer dankbar. Ich glaube, alle waren froh, dass ich das Spiel beendet habe. Wie das kam? Wir hatten in der gegnerischen Hälfte einen, wenn man ehrlich ist, vielleicht ansatzweise berechtigten Freistoß zugesprochen bekommen. Renate Lingor war unsere Standardspezialistin, weil sie technisch sehr beschlagen war. Was folgte, war weitgehend einstudiert: Beim FFC und auch in der Vorbereitung auf die WM mit der Nationalelf. Renate schlug eine Flanke in den Strafraum, und ich setzte ihn per Kopf ins Tor. Gar nicht mal sonderlich gut platziert – aber mit ein bisschen Wucht. Und wichtig

---

**WM 2003**
**Finale, 12.10.2003**
**StubHub Center, Carson, USA**
**Deutschland – Schweden 2:1 (n. V.)**

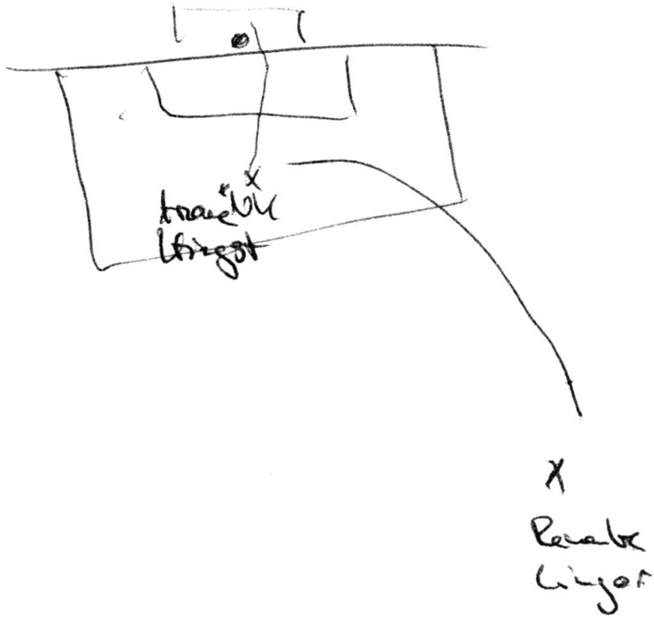
Lingot
Renate
Lingot

war, dass Ariane Hingst in der Nähe stand. Sie hat mich eingefangen und mir gesagt, was ich gar nicht gerafft hatte: dass das Spiel beendet war und dass wir Weltmeisterinnen waren!“

# DIEGO MILITO

„Es ist wirklich schwer für mich, ein Tor auszuwählen. Aber wenn, dann würde ich das zweite meiner beiden Tore gegen den FC Bayern im Champions-League-Finale 2010 nehmen. Ich lief auf den Verteidiger [Daniel Van Buyten] zu und ließ ihn am Strafraum mit einem Haken nach links und einem weiteren nach rechts aussteigen. Und dann habe ich den Ball zum zweiten Pfosten geschossen.“

---

**Champions League 2009/10**
**Finale, 22.5.2010**
**Estadio Santiago Bernabéu, Madrid**
**Inter Mailand – FC Bayern 2:0**

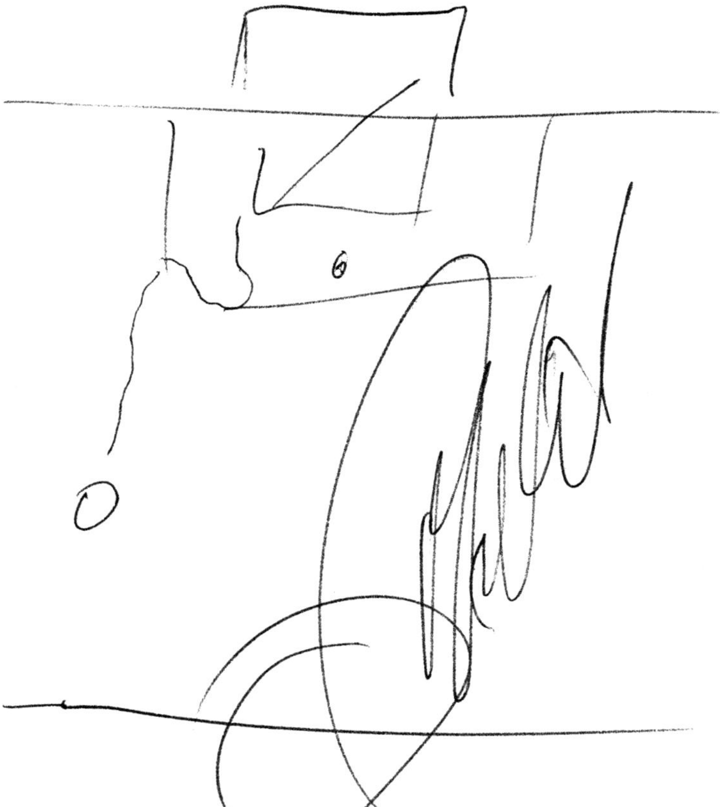

# XABI ALONSO

„Ich hatte noch nie als Profi einen Elfmeter geschossen. Aber im Finale von Istanbul gegen den AC Milan musste ich. Wir hatten zur Halbzeit 0:3 zurückgelegen – und kamen durch Steven Gerrard und Vladimír Šmicer noch heran.
Nach einer Stunde gab es dann den Strafstoß für uns, und ich musste deshalb antreten, weil Steven wenige Tage zuvor einen Elfmeter verschossen hatte und sich nicht sicher genug fühlte. Ich hatte mich sofort festgelegt, dass ich nach links schießen würde. Nur: Milans Torwart Dida hatte riesige Hände und einen guten Riecher. Er parierte meinen Schuss. Im Nachschuss traf ich ins Tor. Denn ich bin so schnell gelaufen wie nie zuvor in meinem Leben.“

---

**Champions League 2004/2005**
**Finale, 25.5.2005**
**Atatürk Olimpiyat Stadyumu, Istanbul**
**FC Liverpool – AC Milan 0:0 (3:2 i. E.)**

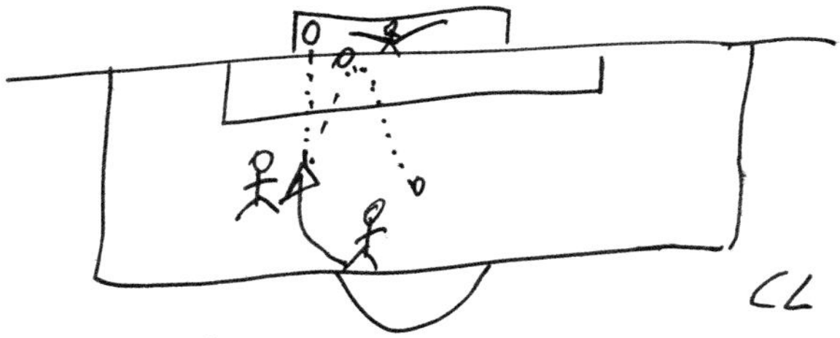

CL Final
2005

25/V/2005

AC MILAN 3

LIVERPOOL 3.

# BEBETO

„Für mich waren alle Tore wichtig. Aber ein Tor, an das sich alle erinnern, ist mein Volleytor gegen Argentinien im Maracanã. Wir haben 2:0 gewonnen, und ich machte das erste Tor. Es war ein Spielzug über rechts, Silas hat nach einem Seitenwechsel von rechts geflankt. Romário legte den Ball auf mich ab, ich habe ihn hochgelupft, und dann habe ich den Ball mit einem Scherenschlag ins Tor geschossen."

---

**Copa América 1989**
**Finalrunde Gruppe A, 12.7.1989**
**Estádio Jornalista Mário Filho, genannt „Maracanã", Rio de Janeiro, Brasilien**
**Brasilien – Argentinien 2:0**

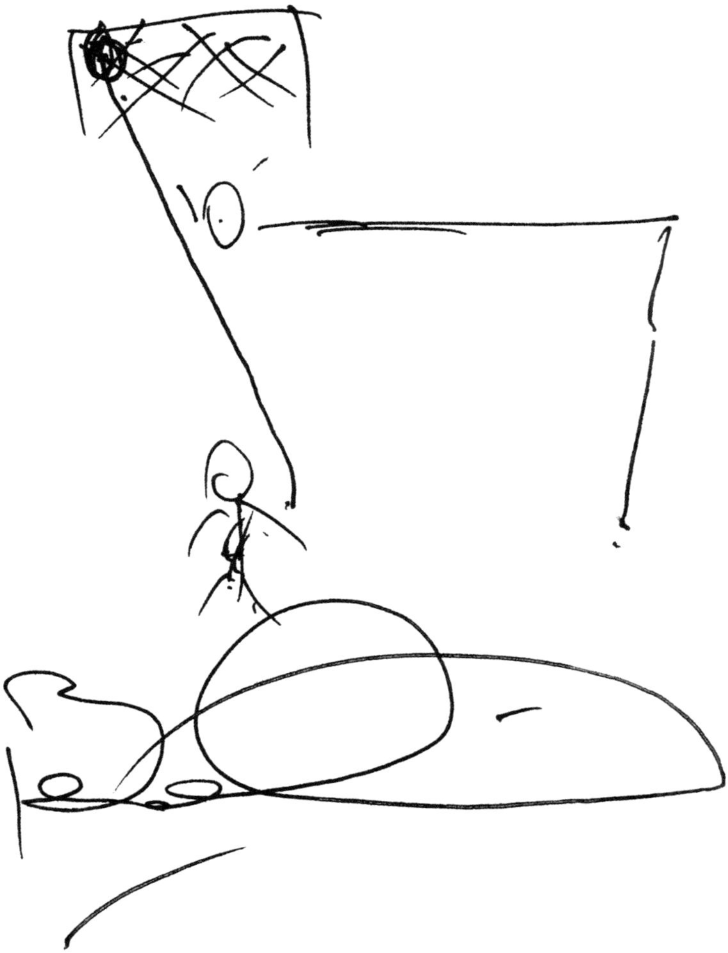

# DIEGO LATORRE

„Ich hatte den Ball auf dem Gleis des ‚Achters' bekommen und bin ein, zwei Meter weitergelaufen. Aus einem Grund, den die einen Inspiration nennen und andere für unerklärlich halten, habe ich einfach aufs Tor geschossen. Aus 30, 35 Metern, was ich nie tat, weil ich dafür gar nicht die Kraft hatte. Aber der Ball flog oben links in den Winkel. Mit einer unfassbaren Wucht. Der Ball war an meinem Fuß regelrecht geplatzt. Und ich werde nie vergessen, wie die Bombonera [das Stadion von Boca Juniors] nach dem Tor explodierte."

**Primera División 1990/91**
**„Torneo Clausura", 6. Spieltag, 31. 3. 1991**
**Estadio Alberto Jacinto Armando, genannt „La Bombonera", Buenos Aires, Argentinien**
**Boca Juniors – River Plate 1:0**

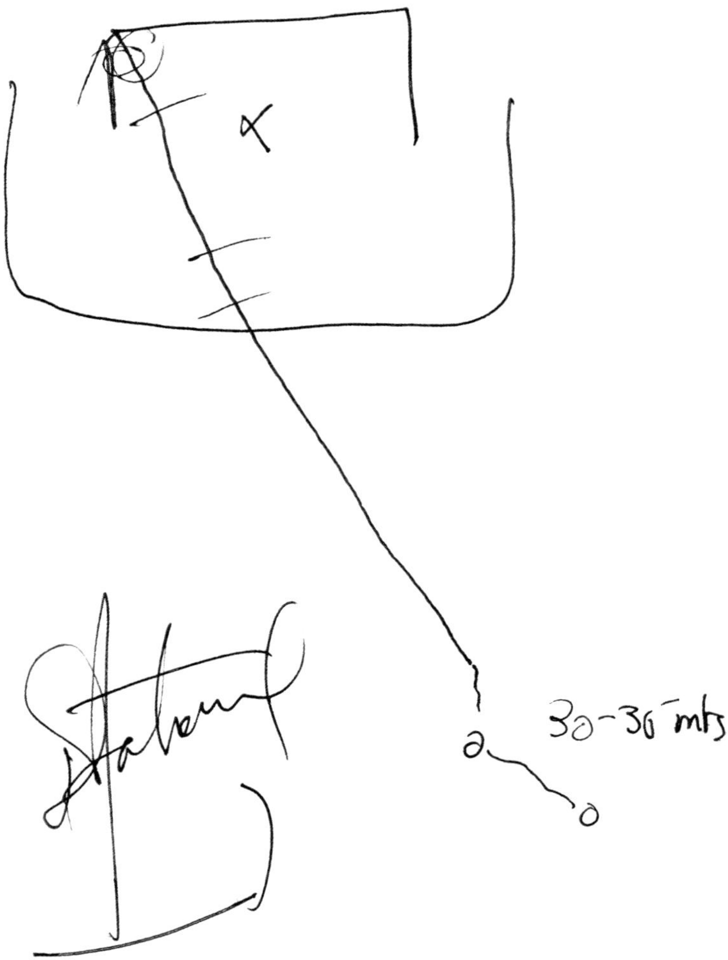
30-35 mts

# MICHAEL BALLACK

» Mein Tor gegen Österreich bei der EM 2008 war das Tor des Jahres. Und es ist auch vielen Menschen in Erinnerung geblieben, auch wegen der Bilder. Damals hat das Fernsehen zum ersten Mal überhaupt mit Super-Slowmotion gearbeitet und mein Gesichtsausdruck war dadurch sehr prägnant. Mein technisch anspruchsvollstes Tor war eins mit Bayern zu Hause gegen Leverkusen, als ich den Ball mit der Brust über den eigenen Kopf gelupft und dann links mit einem Dropkick unter die Querlatte ins Tor geschossen habe. In so einer Situation verlierst du ja erst mal die Orientierung. Aber das wichtigste war sicherlich das Tor, mit dem ich unsere Mannschaft im WM-Halbfinale ins Endspiel 2002 geschossen habe.
Vor dem Spiel war ich ganz kurz davor, zum Schiedsrichter zu gehen und mit ihm zu reden. Ich hatte gegen Paraguay im Achtelfinale in Jeju-Island eine völlig absurde gelbe Karte gesehen – ich hatte wirklich überhaupt nichts getan – und wusste also, dass ich Gefahr laufen würde, das Endspiel gelbgesperrt zu verpassen, wenn ich nochmals Gelb sehen sollte. Damals wurden die Karten ja nicht mehr vorm Finale gelöscht, und deshalb überlegte ich, zu Urs Meier zu gehen und zu sagen: ‚Schiri, ich steh' auf Gelb, ich

---

**WM 2002**
**Halbfinale, 25. Juni 2002,**
**World Cup Stadium Seoul, Seoul, Südkorea**
**Deutschland – Südkorea 1:0**

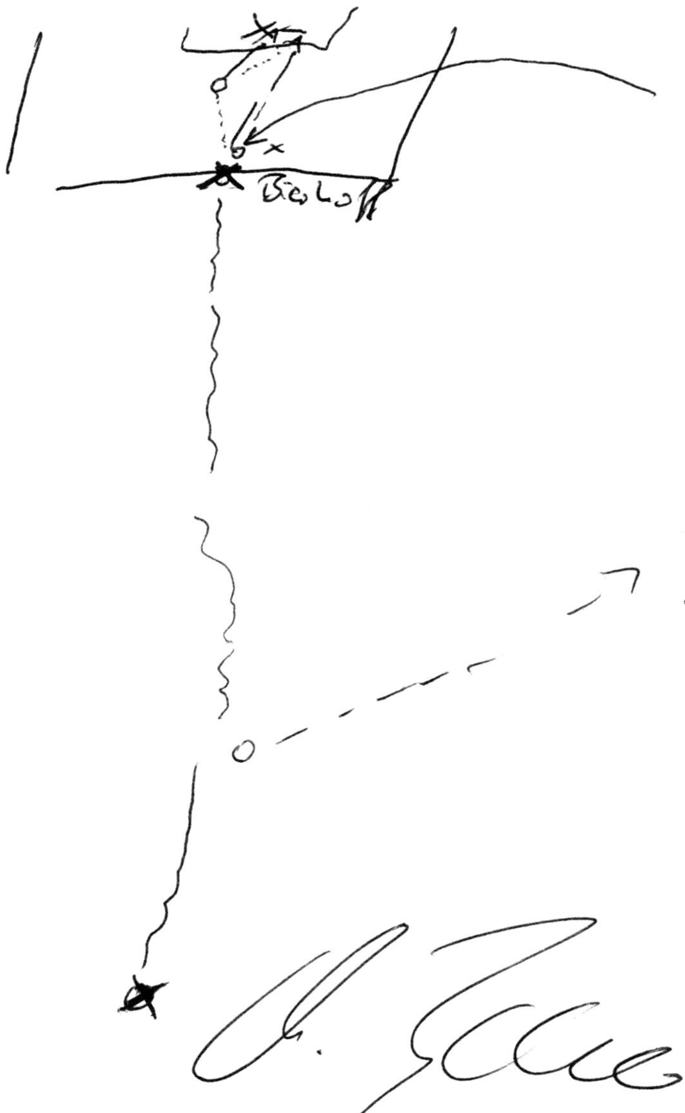

werde keine Dummheiten machen und im Zweifel wegbleiben. Aber wenn 50:50-Situationen kommen, erinnere dich bitte daran, dass ich vorbelastet bin.‘ Ich habe es nicht getan. Und Urs Meier zeigte mir Gelb.
Dass ich das Finale verpassen würde, schwirrte mir noch im Kopf herum, als ich das 1:0 erzielte. Das war ein ganz schwieriger Moment für mich. Aber das Tor an sich: unfassbar. Neuville kam über die rechte Seite und passte von der Grundlinie zurück in den Strafraum. Oliver Bierhoff lief dem Ball entgegen, aber er traf eine ganz wichtige Entscheidung: Er blieb weg! Weil er realisiert hatte, dass ich von hinten kam. Ich schoss aus vollem Lauf, gar nicht mal gut. Eigentlich hätte der erste Schuss schon sitzen müssen. Der Torwart parierte, und dann prallte mir der Ball wieder vor die Füße. Der Nachschuss mit links hat dann gesessen. Ich bin zum Jubeln in die Ecke gerutscht und hab’ erst mal geguckt: Wo sind denn all die anderen? Es war ja nicht ein Tor zum 4:0, sondern die 1:0-Führung. Aber da kam keiner zum Jubeln, so kaputt waren die alle …“

# NUNO GOMES

„Es war mein erstes Tor mit der portugiesischen Nationalelf bei der Europameisterschaft. Gegen England. Wir lagen 0:2 hinten, und dann haben wir nicht nur 3:2 gewonnen, es war auch noch ich, der das dritte Tor erzielt hat. Zuvor hatten Luís Figo und João Pinto getroffen. Bei meinem Tor hatte mich Rui Costa von rechts angespielt, und mir ist der Ball im Strafraum ein wenig zu weit weggesprungen. Der Torwart kam auf mich zugehechtet, und auch Tony Adams hat noch versucht zu grätschen. Aber ich war schneller – und habe den Ball über den Torwart hinweg ins Netz geschossen."

---

**EM 2000**
**Vorrunde, Gruppe 1, 1. Spieltag, 12.6.2000**
**PSV-Stadion, Eindhoven, Niederlande**
**Portugal – England 3:2**

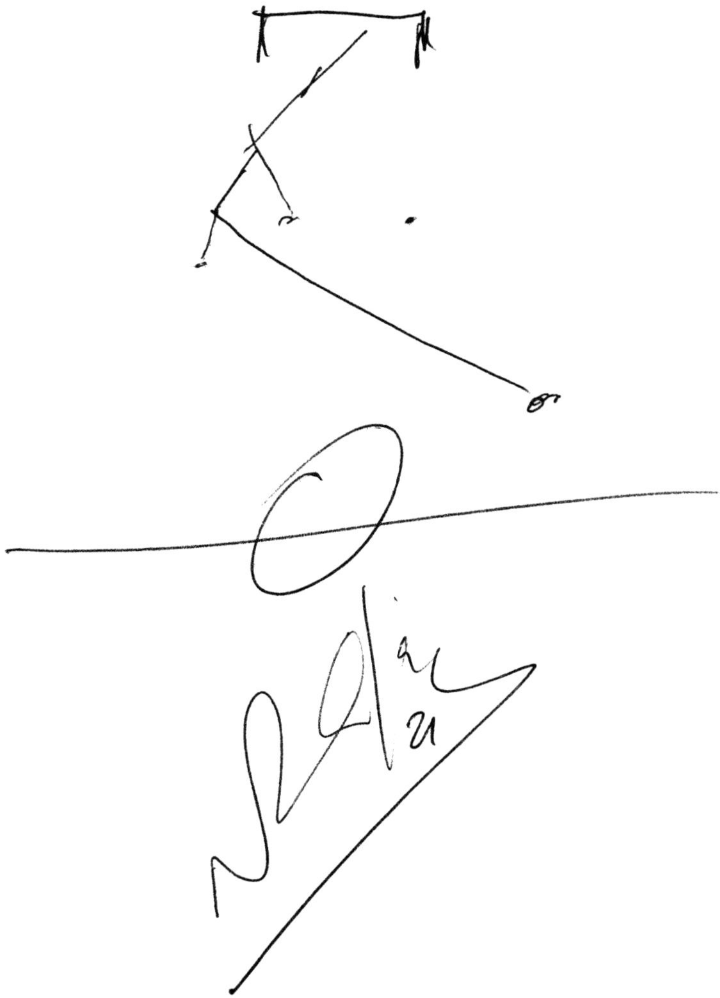

# RUUD KROL

„Ein Tor? Ich weiß nicht so recht. Denn ganz ehrlich: Es gibt eigentlich kaum etwas, was mir mehr Stolz bereitet als meine Flanke zum 2:0 bei der WM 1974 gegen Brasilien. Ich war eigentlich Rechtsfuß, aber in dem Spiel spielte ich als offensiv ausgerichteter Linksverteidiger und schlug tatsächlich mit dem linken Fuß eine Flanke auf Johan Cruyff, der uns den Sieg sicherte. Aber okay, wenn Sie schon ein Tor wollen: Ich habe in der Vorrunde der WM 1978 gegen Argentinien eines geschossen – ein satter Rechtsschuss vom Strafraum. Aber weit schöner war mein Treffer gegen Nordirland, in der WM-Qualifikationsrunde. Gegen Pat Jennings. Ich glaube, es war Johan Neeskens, der mir den Ball auflegte. Ich habe den Ball mit links gestoppt – und mit rechts aus 20 Metern in den Winkel geschossen. Es war ein schönes Tor. Aber ehrlich: Die Flanke, die war's. Denn durch jenes Tor von Cruyff haben wir 1974 den amtierenden Weltmeister geschlagen und sind ins WM-Finale eingezogen."

---

**Qualifikation zur WM 1978**
**Europa, Gruppe 4, 13.10.1976**
**Stadion Feijenoord, genannt**
**„De Kuip", Rotterdam, Niederlande**
**Niederlande – Nordirland 2:2**

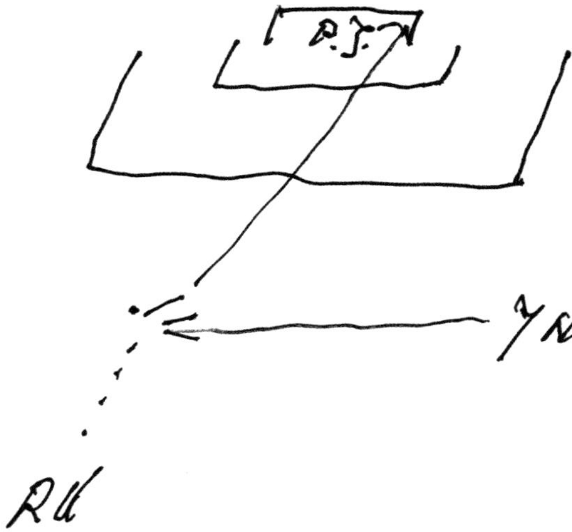

# ALFREDO DI STÉFANO

„Fußball ohne Tore, das ist wie Tage ohne Sonne. Und ich habe viele Tore erzielt. Eines meiner Lieblingstore schoss ich bei der ersten Südamerikameisterschaft der Meister in Santiago de Chile, mit River Plate. Nach einem Anstoß. Das hat nur zehn Sekunden gedauert. ‚Traust du dich?', fragte mich [die River-Legende José Manuel] Moreno, den alle nur ‚El Charro' nannten. Ich habe mir die Abwehr angeguckt und gesagt: ‚Und wie!' Er schickte mir den Ball lang in den Fuß, ein perfekter Pass in den Rücken der Abwehr, und dann habe ich das Ding direkt draufgehauen."

**Campeonato Sudamericano de Campeones 1948**
**9.3.1948**
**Estadio Nacional, Santiago de Chile**
**River Plate – CD Litoral 5:1**

08

# ULI HOENESS

»Tore waren für mich wichtig, Tore sind für jeden Stürmer wichtig – aber ich habe nie vom Tor gelebt. Mein Zusammenspiel war auf Gerd Müller fixiert. Ich brach oft auf außen durch, um den Ball dann scharf hineinzuspielen: Flach oder halbhoch, ganz egal, weil Gerd den Ball im Strafraum sowieso immer verwerten konnte, mit links wie rechts, per Kopf oder sonstwie – unvorstellbar! Er war besessen davon, Tore zu machen. Es gibt da diese schöne Geschichte vom Eröffnungsspiel im Münchner Olympiastadion im Mai 1972, kurz vor den Spielen, als ich den Ball nur einen Meter vor der Torlinie einschieben wollte und plötzlich von hinten umgehauen werde – von Gerd! Er hat mich einfach mit dem Ball ins Tor getreten und bekam den Treffer dann gutgeschrieben. Tore waren sein Elixier. Aber ein paar Tore habe ich ja auch geschossen. Mein schönstes in einem wichtigen Spiel war für mich das 4:0 gegen Atlético Madrid im Wiederholungsspiel des Finales um den Europapokal der Landesmeister 1974.

Die Geschichte dieses Spiels ist insgesamt einfach verrückt: Wir hatten die Meisterschaft schon sicher, im DFB-Pokal waren wir im Halbfinale ausgeschieden, die WM stand vor der Tür. Und

---

**Europapokal der Landesmeister 1973/74**
**Finale, Wiederholungsspiel, 17.5.1974**
**Stade Roi Baudouin, Brüssel, Belgien**
**FC Bayern München – Atlético Madrid 4:0**

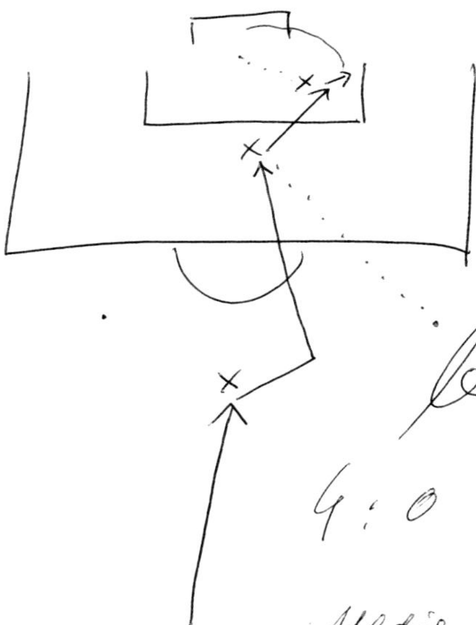

4 : 0 gegen

Atletico Madrid 1974

dann sind wir zu diesem Endspiel nach Brüssel gefahren. Ich war damals in Topform. Aber wir spielten katastrophal, wirklich katastrophal. Nach 90 Minuten stand's 0:0, und in der Verlängerung hat Luis Aragonés, der später spanischer Nationaltrainer wurde, das 1:0 für Atlético geschossen. Damit war das Spiel eigentlich erledigt. Wir hatten ja nicht eine Torchance gehabt. Aber dann hat Katsche Schwarzenbeck, dem wir immer gesagt hatten: ‚Wenn du über die Mittellinie gehst, spiel ab, aber schieß auf keinen Fall aufs Tor!', dann hat also der Katsche in der 120. Minute aus 30 Metern einen unglaublichen Hammer rausgeholt und zum Ausgleich getroffen.
Endstand also 1:1, es war an einem Mittwoch. Uns ist erst nach dem Abpfiff klargeworden: Jetzt gibt's am Freitagabend ein Wiederholungsspiel! Denn Verlängerung und Elfmeterschießen hat man damals noch nicht gemacht. Wir hatten aber gar nichts organisiert, für uns war nur klar gewesen, dass wir am Samstag wieder in Mönchengladbach spielen müssen. Wir waren in einem kleinen Hotel außerhalb von Brüssel untergebracht, aber das war nicht bis Samstag reserviert. Wir hatten ja nicht mal genug Kleidung dabei! Trainiert haben wir tags darauf auf einem Katastrophenplatz in irgendeinem Dorf. Ich weiß noch, dass keiner mehr richtig laufen konnte. Auch ich nicht. 120 Minuten, am Ende der Saison – wir waren alle fertig! Das war am Donnerstag. Aber am nächsten Tag habe ich das beste Spiel meines Lebens gemacht.
Ich habe erst zum 1:0 getroffen, durch die Beine des Torwarts Miguel Reina, dessen Sohn später bei uns bei Bayern gespielt hat; Gerd hat das 2:0 und das 3:0 gemacht – und dann kam am Ende so ein Befreiungsschlag. Ich habe erst einen Verteidiger ausgetanzt, dann den nächsten abgeschüttelt, und als dann auch Reina aus seinem Tor rauskam, habe ich etwas getan, was man heute gar nicht mehr sieht; ich verstehe gar nicht, warum: Ich habe den Torwart ausgespielt. Genau das war meine Spezialität! Ich

habe den Ball vorbeigelegt und hatte – zack! – vollkommen freie Schussbahn. Der Ball flog dann aus spitzem Winkel ins Tor, zum 4:0 … Es war unser erster Landesmeisterpokal-Sieg, und ich weiß noch genau, wie ich danach in der Kabine den Pokal in der Hand hatte und dachte: Wenn man Glück festhalten könnte, wäre das jetzt der richtige Moment!“

# RICARDO ROCHA

„Ich habe nicht viele Tore erzielt, aber eins, das in doppelter Hinsicht wichtig war. Ich habe es im Maracanã-Stadion erzielt, als ich für Guarani spielte. Und wir mussten das Spiel gegen Flamengo unbedingt gewinnen, um die zweite Phase der brasilianischen Meisterschaft zu erreichen. Ich spielte als Rechtsverteidiger und bin die rechte Flanke fast bis zur Grundlinie durchgelaufen. Dann habe ich einen Haken nach innen geschlagen – und den Ball mit links ins Tor geschossen. Leider haben wir dann den Einzug ins Halbfinale verpasst …“

**Campeonato Brasileiro 1984/85**
**Erste Runde, 2. Spieltag, 11.4.1985**
**Estádio Jornalista Mário Filho, genannt „Maracanã“, Rio de Janeiro, Brasilien**
**CR Flamengo – Guarani 1:2**

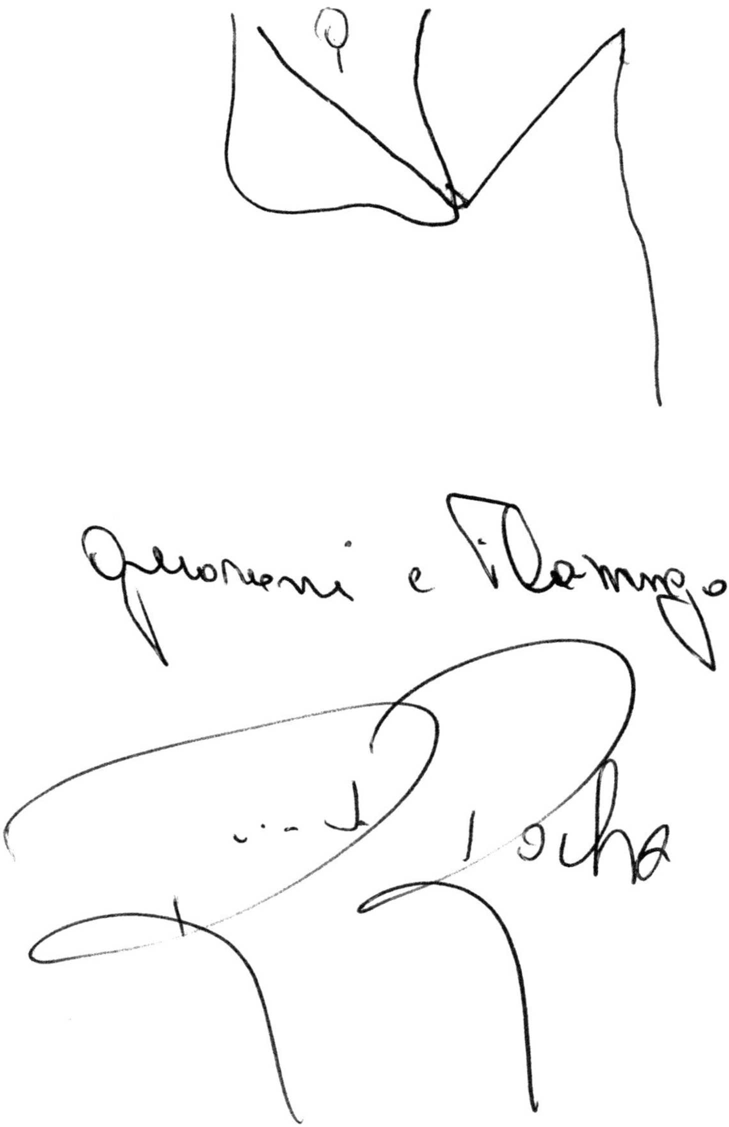

# JEAN-MARIE PFAFF

„Es war der totale Wahnsinn. Im UEFA-Cup gegen Saloniki. Elfmeterschießen. 5:5. 6:6. 7:7. 8:8. Und dann kommt der Trainer zu mir und sagt: ‚Du musst den Elfmeter schießen.' Ich sag: ‚Trainer, ich habe noch nie einen Elfmeter geschossen!' Und er sagt: ‚Du musst aber. Die anderen Spieler haben sich schon umgezogen!' Den Namen vom Torwart von Saloniki weiß ich nicht mehr. Aber ich habe ihm den Ball in den Winkel geschossen. Und zum ersten Mal gemerkt, wie ein Spieler sich fühlt, der schlecht spielt, aber dann das entscheidende Tor schießt. Großartig."

---

**UEFA-Cup 1983/84**
**2. Runde, Rückspiel, 2.11.1983**
**Olympiastadion, München, Deutschland**
**FC Bayern – PAOK Saloniki 0:0 (9:8 i. E.)**
**(Hinspiel 0:0)**

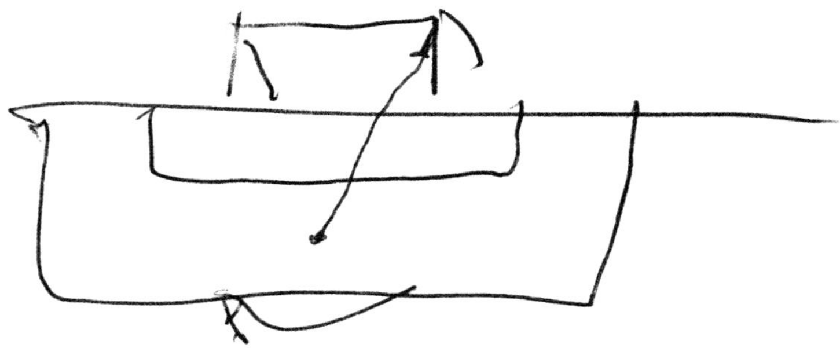

# SIMÃO

„Mein schönstes Tor war in Anfield, in der Champions League, gegen den FC Liverpool, den damaligen Titelverteidiger. Wir haben den Ball im Mittelfeld erobert, und Geovanni behauptete ihn danach am Strafraum. Der Ball kam zu Nuno Gomes, der mich anspielte und hinter mir kreuzte, so dass ein Verteidiger von Liverpool nicht wusste, was er machen sollte. Ich spielte ihn aus – und trat den Ball in den rechten oberen Winkel.“

---

**Champions League 2005/2006**
**Achtelfinale, Rückspiel, 8.3.2006**
**Anfield, Liverpool, England**
**FC Liverpool – Benfica Lissabon 0:2 (Hinspiel 0:1)**

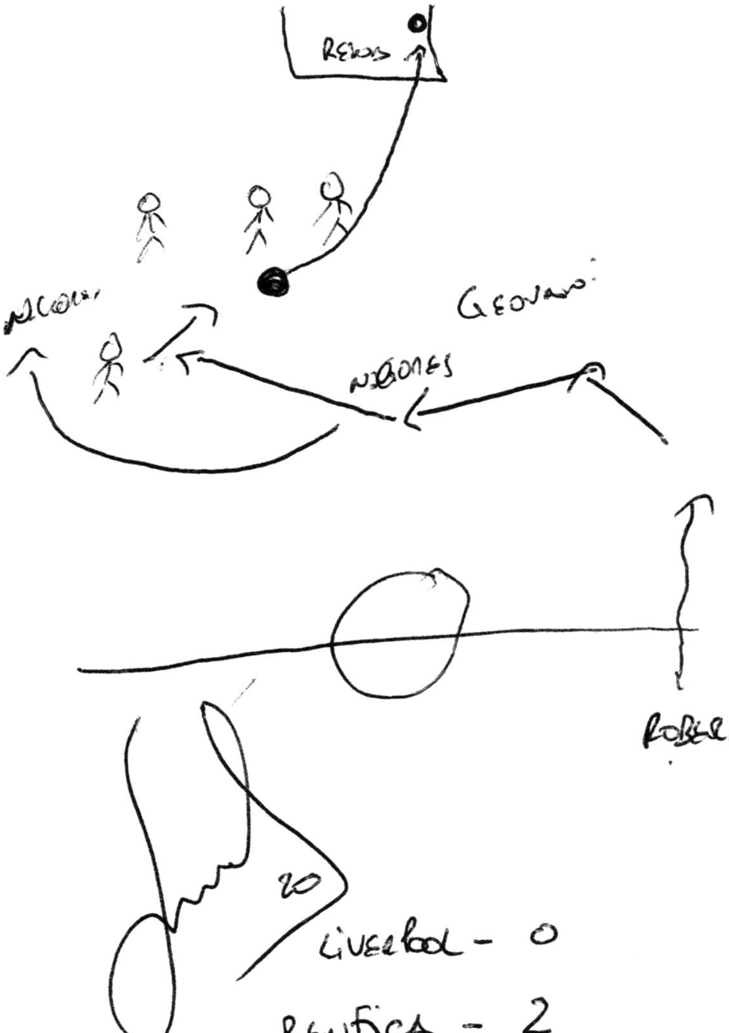


LIVERPOOL – 0

BENFICA – 2

● SIMÃO

● NICOLLI

# STEVE NICOL

„Ich weiß noch, dass die Queens Park Rangers damals über sehr lange Zeit ungeschlagen geblieben waren. Aber wir schafften es, an der Loftus mit 1:0 zu gewinnen. Nach einem Doppelpass mit Michael Robinson stand ich allein vor dem Torwart und habe den Ball flach an den ersten Pfosten gesetzt. Der Schuss, mit links, war nicht sonderlich hart und das Tor nicht außergewöhnlich schön. Aber hey: Es war mein erstes Tor als Liverpool-Profi, von insgesamt 48! Als Kind träumt man immer davon, Tore zu erzielen. Und ich weiß noch, wie ich nach dem Spiel dachte: Fuck! Wie habe ich das nur gemacht?“

**Premier Lague 1983/84**
**10. Spieltag, 22.10.1983**
**Loftus Road, London**
**Queens Park Rangers – Liverpool FC 0:1**

# JÚLIO BAPTISTA

„Zwischen Brasilien und Argentinien gab es immer schon eine große Rivalität. Das merkte man schon in den Spielen mit der U17. Auf der A-Nationalmannschafts-Ebene multipliziert sich das noch mal. Weil alle wissen, dass die ganze Welt zuschaut. Und ich habe auch noch in einem Finale gegen Argentinien getroffen.
Ich war erst in letzter Minute berufen worden, als dritter Ersatzstürmer. Und auch nur, weil Diego im ersten Spiel und Anderson im zweiten Spiel nicht überzeugt hatten. Im dritten Spiel machte ich eine gute Partie – und blieb im Team. Vor dem Finale wusste ich: Ich muss das Spiel meines Lebens machen. Elano schlug einen 60-Meter-Pass. Er hatte gesehen, dass die Abwehr der Argentinier sehr weit aufgerückt war. Ich kam über links, habe Fabián Ayala aussteigen lassen und den Ball unter die Querlatte geknallt. Es war ein Tor, das die Argentinier deprimierte. Beim Jubeln habe ich meinen Mitspielern in die Augen geschaut und wusste: Das verlieren wir nicht mehr! Und wissen Sie was? Ich habe drei Finals gegen Argentinien gespielt. Zwei Mal in der Copa América, einmal beim Confed Cup. Ich habe alle drei gewonnen."

**Copa América 2007**
**Finale, 15.7.2007**
**Estadio Olímpico José Encarnación „Pachencho" Romero, Maracaibo, Venezuela**
**Brasilien – Argentinien 3:0**

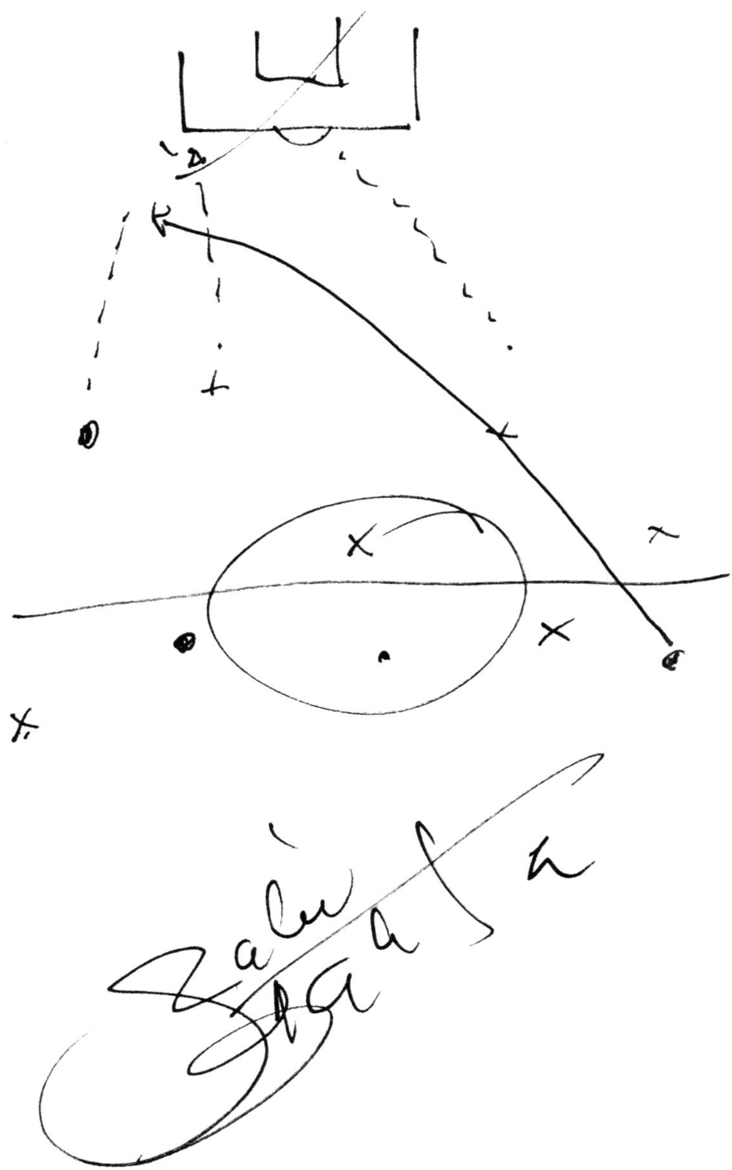

# MARC WILMOTS

„Mein Tor für Schalke 04 im Hinspiel des UEFA-Cup-Finales 1996/97 hat einen sehr wichtigen Platz in meinem Herzen. Aber ich habe einmal ein Tor geschossen, das für mich wegen seiner Schönheit nochmal ganz besonders ist. Es war in einem Testspiel vor der Weltmeisterschaft 2002, im Stade de France, also gegen den fußballerischen Erzrivalen von uns Belgiern: Frankreich, damals Weltmeister. Gert Verheyen kam über den rechten Flügel, flankte – und ich schoss den Ball direkt in den Winkel, zum 2:1-Sieg. Er war wichtig für unser Selbstvertrauen, glaube ich. Wir haben danach eine richtig gute WM gespielt."

---

**Freundschaftsspiel 2002**
**18.5.2002**
**Stade de France, Paris, Frankreich**
**Frankreich – Belgien 1:2**

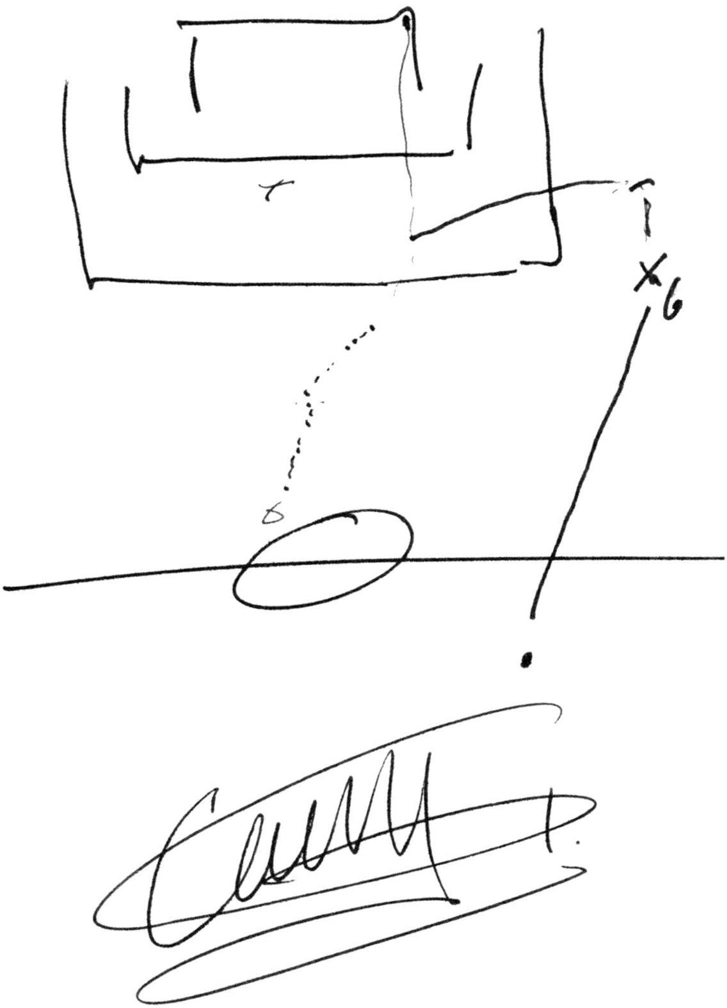

# MARKUS BABBEL

„Ich muss ehrlich gestehen: Ich kann mich an viele Tore gar nicht mehr so richtig erinnern. Es gibt eins, auf das ich immer noch angesprochen werde, ein Derby-Tor für den FC Liverpool gegen den FC Everton. Ich persönlich aber würde einen Treffer aus dem DFB-Pokalfinale gegen Duisburg etwas höher einstufen. Weil es der Ausgleich war [MSV Duisburg war durch Bachirou Salou in Führung gegangen] und wir danach einen Titel gewonnen haben. Und weil ich das Finale richtig genossen habe. Damals wurde der Pokal beim FC Bayern gar nicht so hoch bewertet. Im Halbfinale waren vielleicht 20 000 Zuschauer bei uns gewesen, weil das keine Sau interessiert hat. Aber als ich dann in Berlin beim Endspiel war und die Fanmassen und das volle Stadion gesehen habe – 30 000 Duisburger, 30 000 Münchner, der Rest Neutrale –, da dacht ich nur: Wie geil ist das denn? Das ist ja Weltklasse! Und ich weiß noch, dass der Ball mir quasi vor die Füße fiel, das war alles eine ziemlich unübersichtliche Aktion. Ich stand mit dem Rücken zum Tor, habe mich gedreht und den Ball dann unter die Latte geschossen.“

---

**DFB-Pokal 1997/98**
**Finale, 16.5.1998**
**Olympiastadion, Berlin, Deutschland**
**FC Bayern München – MSV Duisburg 2:1**

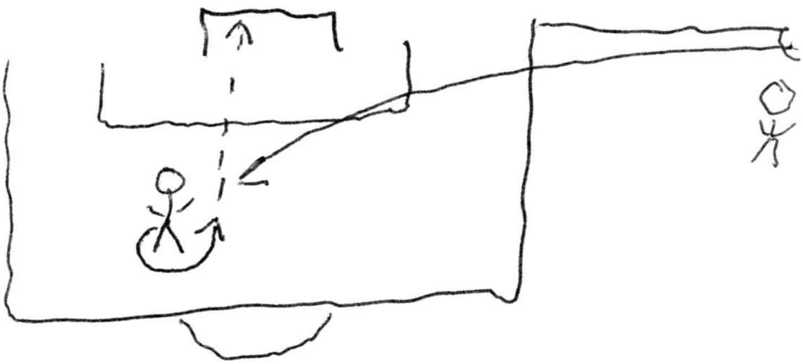

# CHRISTOPHER TRIMMEL

„Eigentlich bin ich ausgebildeter Stürmer. Ich habe sogar den zweitschnellsten Hattrick der Geschichte Österreichs geschossen – drei Tore in sechs Minuten. Nur Hans Krankl ist mal schneller gewesen als ich.
Den Hattrick habe ich in der Saison 2008/2009 geschossen, bei einem 5:1 gegen Austria Kärnten. Unser Stürmer Erwin ‚Jimmy' Hoffer war gerade offiziell verabschiedet worden – er ging nach Neapel – und saß auf der Tribüne. Ich habe erst einen Elfmeter herausgeholt, ein Tor aufgelegt – und dann eben in sechs Minuten drei Tore erzielt. Das Stadion hat gebebt! Das vielleicht emotionalste Tor war aber ein paar Tage später, auf Zypern, im Rückspiel der Europa-League-Qualifikation, in der zweiten Hälfte der Verlängerung. Markus Katzer hatte eine geile Flanke auf den zweiten Pfosten geschlagen – und ich habe zum 2:2 eingeköpft. Damit waren wir für die Europa League qualifiziert ..."

---

**Europa League 2009/2010**
**Qualifikationsphase, 2. Runde, Rückspiel, 6.8.2009**
**GSP-Stadion, Nikosia, Zypern**
**APOP Kinyras – Rapid Wien 2:2 (n. V.) (Hinspiel 1:2)**

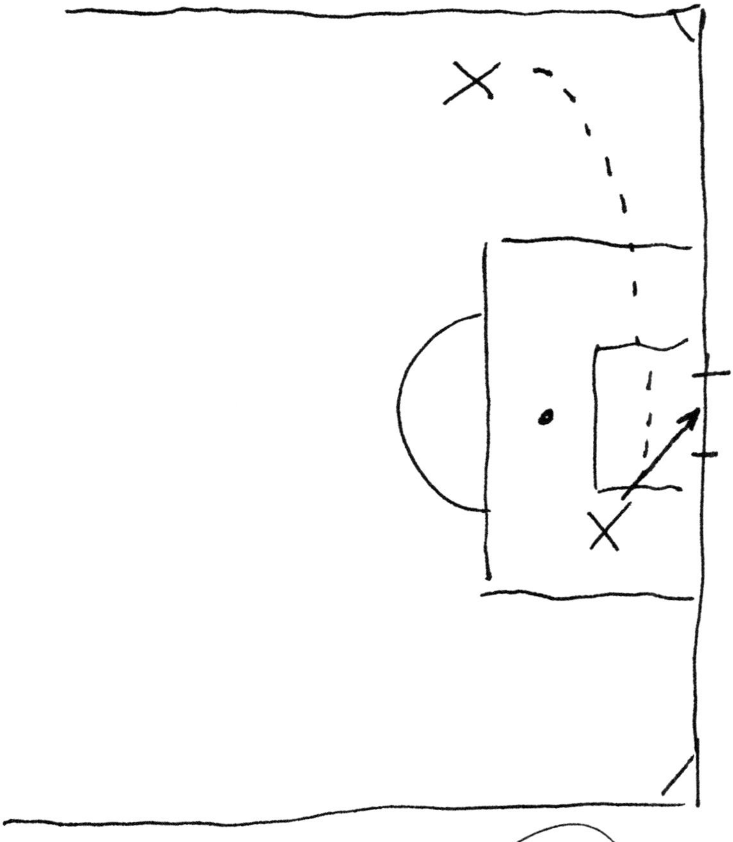

# HRISTO STOICHKOV

„Ich bin ein glühender ‚culé' [Barcelona-Fan], und deshalb erinnere ich mich besonders gerne an ein Tor gegen Madrid im Santiago Bernabéu: Ein sehr komplizierter Volley nach einem schönen Pass in die Tiefe von Sergi. Ich habe den Ball über Buyo hinweg ins Tor gelupft. Aber um ehrlich zu sein: Das schönste und technisch schwierigste war ein Tor, das ich im Landesmeister-Pokal bei Austria Wien geschossen habe. Ronald Koeman spielte einen langen, hohen Pass aus dem Mittelfeld, ich kontrollierte den Ball mit der Brust in der Nähe des Strafraums, ließ ihn nicht auftrumpfen, sondern drehte mich um die eigene Achse und stürzte in den Strafraum. Ich habe ihn mit dem linken Fuß berührt, mit dem rechten, und am Ende habe mit links an den ersten Pfosten gedroschen. Im Ernst: Ein Traumtor!"

---

**Europapokal der Landesmeister 1993/94**
**2. Runde, Rückspiel, 3.11.1993**
**Ernst-Happel-Stadion, Wien, Österreich**
**FK Austria Wien – FC Barcelona 1:2 (Hinspiel 0:3)**

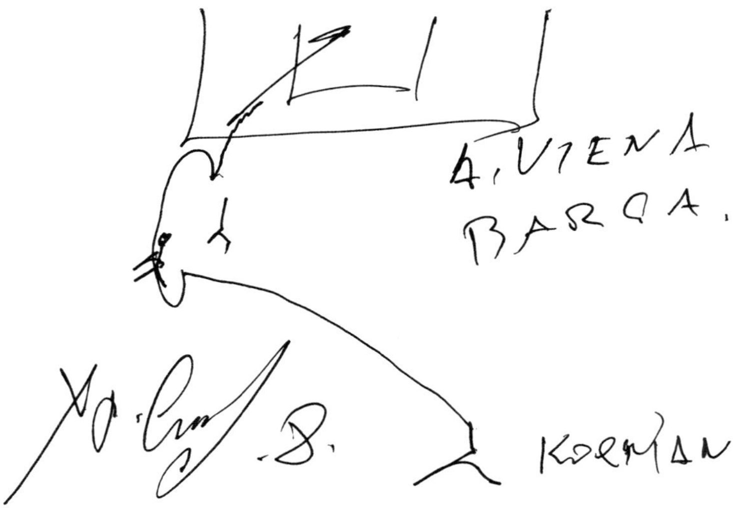
A. VIENA
BARCA.
KORMAN

# GIOVANE ÉLBER

„Mein Tor gegen Hansa Rostock mit dem FC Bayern! Der Ball rollte Richtung Eckfahne, und der Torwart wollte ihn abdecken, damit der ins Toraus geht. Aber ich habe es geschafft, ihm den Ball noch abzunehmen. Und dann hatte ich nur einen Gedanken: den Ball sofort aufs Tor zu schießen. Es war fast wie eine direkt verwandelte Ecke. Und wurde dann auch Tor des Jahres.“

---

**Bundesliga 1998/99**
**20. Spieltag, 27.2.1999**
**Ostseestadion, Rostock, Deutschland**
**FC Hansa Rostock – FC Bayern München 0:4**

# MIKAËL SILVESTRE

„Das Tor, das von der Bedeutung *und* der Qualität das beste meiner Karriere war, war ein Tor, das ich für Werder Bremen geschossen habe. Ich habe einen Eckball getreten, der Ball wurde abgewehrt, und eigentlich war ich fast schon auf dem Weg in meine Hälfte. Aber dann habe ich ihn halbvolley ins Tor geschossen. Es war wichtig – denn wir waren mitten im Abstiegskampf. Claudio Pizarro hat das zweite Tor geschossen. Mit dem 2:0-Sieg haben wir die Klasse gehalten."

**Bundesliga 2010/11**
**33. Spieltag, 7.5.2011**
**Weserstadion, Bremen, Deutschland**
**Werder Bremen – Borussia Dortmund 2:0**

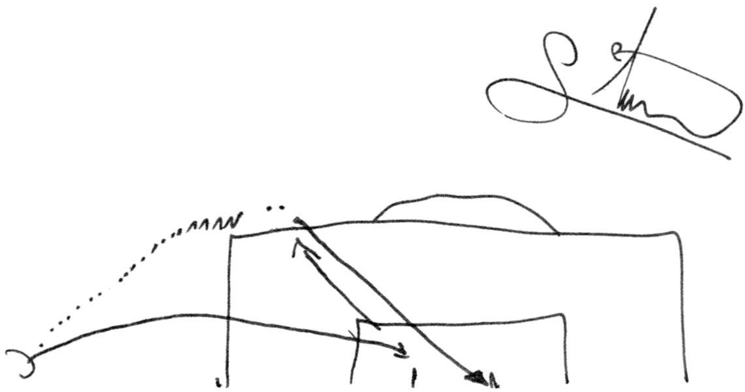

# JORGE VALDANO

»Hinter jedem Tor verbirgt sich eine Geschichte, und die Geschichte meines Tores begann mit einer schrecklichen Nachricht. Carlos Salvador Bilardo, unser Trainer, überbrachte sie mir am Morgen des WM-Finales: Ich solle Briegel manndecken, sagte er. Deshalb wurde es auch ein sehr langes Tor. Denn der Spielzug begann, wo Briegel mich geparkt hatte, in unserem Fünfmeterraum. Nery Pumpido, unser Torwart, warf mir den Ball zu, und ich lief rechts hinten los und dribbelte einen Gegner aus, es war wohl Felix Magath. Als ich den Kopf hob, um einen Mitspieler zu finden, schaffte es Magath, die Fußspitze von hinten an den Ball zu kriegen. Doch er hatte dabei so viel Pech, dass der Ball zu Maradona gelangte. Und da kam mir in den Sinn, einen Diagonallauf nach links zu machen – was zwei Binnengeschichten barg: Erstens war es ein Akt des Ungehorsams. Denn durch diesen Diagonallauf verließ ich den Sektor, in dem ich mit Briegel ein Pärchen bilden sollte. Die zweite Binnengeschichte stammt von Jonathan Wilson, der eine Geschichte der Taktik geschrieben hat [*Revolutionen auf dem Rasen*]. Er schrieb über mein Tor, dass der Diagonallauf auf einer sehr argentinischen Weisheit beruhte. Dass Valdano diesen Diagonallauf machte, weil er etwas wusste, was dem Rest der

---

**WM 1986**
**Finale, 29.6.1986**
**Estadio Azteca, Mexiko-Stadt, Mexiko**
**Argentinien – Deutschland 3:2**

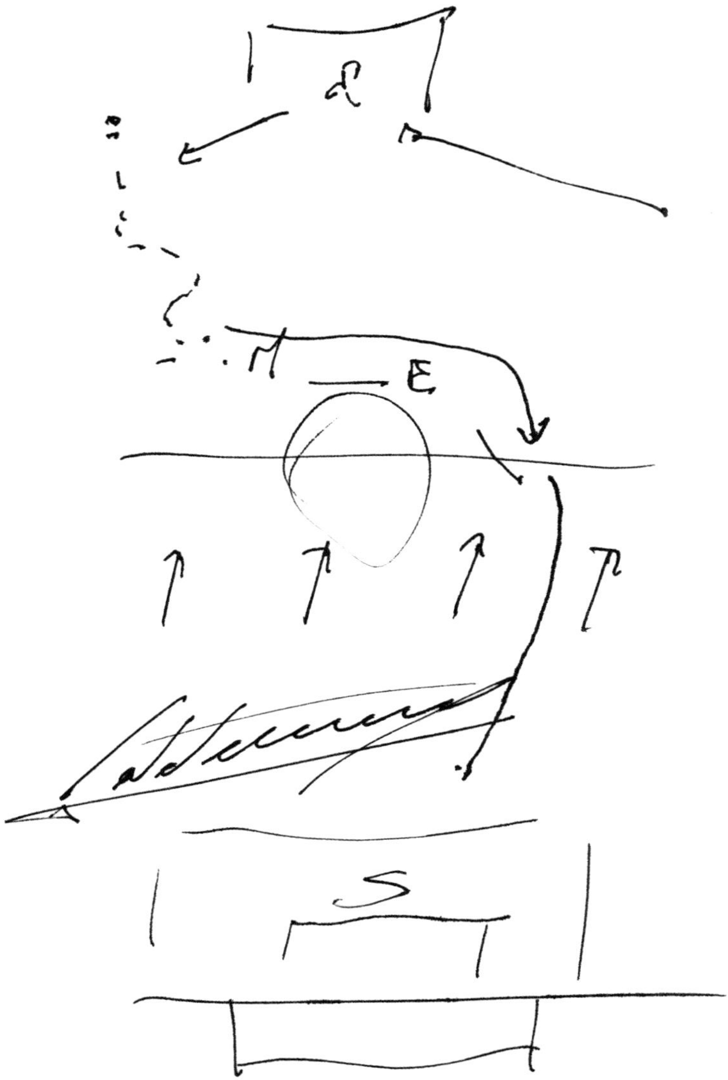
E
S

Menschheit unbekannt war, schrieb er sinngemäß. Ich muss Wilson aber korrigieren: Auch ich gehöre zu denen, die nicht wissen, warum ich diagonal gelaufen bin. Es war ein Befehl des Instinkts, ohne jedes tiefer liegende Argument. Und noch etwas war bemerkenswert: Ich war immer daran gewöhnt, hinter dem ballführenden Spieler zu laufen und dabei nach Lösungen zu suchen. Hier aber lief ich ‚vor' dem ballführenden Spieler her – vor Héctor ‚El Negro' Enrique, der den Ball von Maradona bekommen hatte. Als ich den Ball dann von Enrique zurückbekam, war mein erster Kontakt sehr tugendvoll. Der Ball lief in der gleichen Geschwindigkeit wie ich über den Rasen, es gab also keine Notwendigkeit, meine Laufbahn zu verändern. Die nächste Entscheidung, die ich nach dem ersten Ballkontakt treffen musste, war: der Schuss.
Ich pflege zu sagen, dass ich hinter dem Ball herlief und ihn anbetete. Ein Gebet, das sehr kurz war: *Entrá, por favor* – bitte geh rein. Als ich vor Toni Schumacher stand, stand ich ihm quasi seitlich gegenüber. Ich hatte damit zwei Lösungen zur Hand: Wenn er mir den ersten Pfosten schenkte, würde ich ihn ausdribbeln und vor dem leeren Tor stehen können. Schenkte er mir aber den zweiten Pfosten, so würde ich den Ball dorthin schießen können. Ein weiterer Gedanke war, dass ich unbedingt die Ruhe behalten müsse, weil ich im Halbfinale eine Chance auf sehr unwürdige Weise vergeben hatte. Nach einem stratosphärischen Solo und einem Pass von Diego Maradona stand ich auf dem Elfmeterpunkt allein vor dem leeren Tor. Und habe drübergeschossen. Im Finale habe ich deshalb gewartet und eher sanft geschossen, so dass der Ball sehr nahe am linken Fuß von Schumacher vorbeiging und genau neben dem rechten Pfosten ins Tor flog.
Manchmal habe ich mich bei dem Gedanken ertappt, was wohl gewesen wäre, wenn ich nicht getroffen hätte. Die Antwort ist: Ich wäre für den Rest meines Lebens etwas weniger glücklich gewesen."

# BIXENTE LIZARAZU

„Wir hatten einen Freistoß zugesprochen bekommen. Effenberg führte ihn aus. Ich stand am linken Strafraumeck und nahm den Ball volley mit links. Er flog direkt in den rechten oberen Winkel. Es wurde das ‚Tor des Monats'!"

**Bundesliga 1999/2000**
**21. Spieltag, 19.2.2000**
**Olympiastadion, München, Deutschland**
**FC Bayern – MSV Duisburg 4:1**

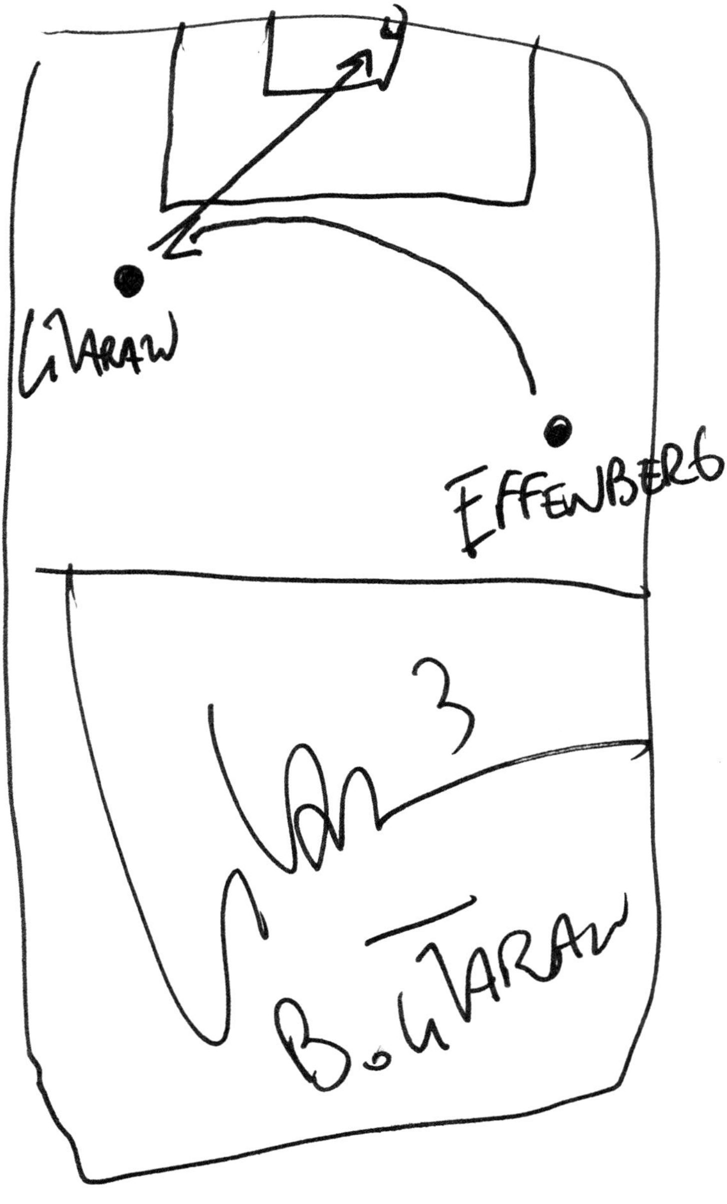
GIARAW
EFFENBERG
3
B. GIARAW

# DIEGO

„Mein Lieblingstor war eine ganze Zeitlang ein Treffer mit dem FC Porto gegen Chelsea. Ich habe am Halbkreis des Strafraums einen Ball volley genommen, der abgewehrt worden war, und mehr oder weniger in den Winkel getroffen. Das war in der Champions League, in der Gruppenphase der Saison 2004/05. Aber dann habe ich ein Tor für Werder Bremen gegen Alemannia Aachen erzielt ... In der Nachspielzeit war der Torwart bei einem Eckball aufgerückt. Und der Rest der Mannschaft auch. Sie lagen ja hinten und hofften auf den Ausgleich. Als ich den Ball bekommen habe, habe ich gesehen, dass das Tor immer noch leer stand. Und dann habe ich aus 65 Metern ins leere Tor geschossen ...“

---

**Bundesliga 2006/07**
**30. Spieltag, 20.4.2007**
**Weserstadion, Bremen, Deutschland**
**Werder Bremen – Alemannia Aachen 3:1**

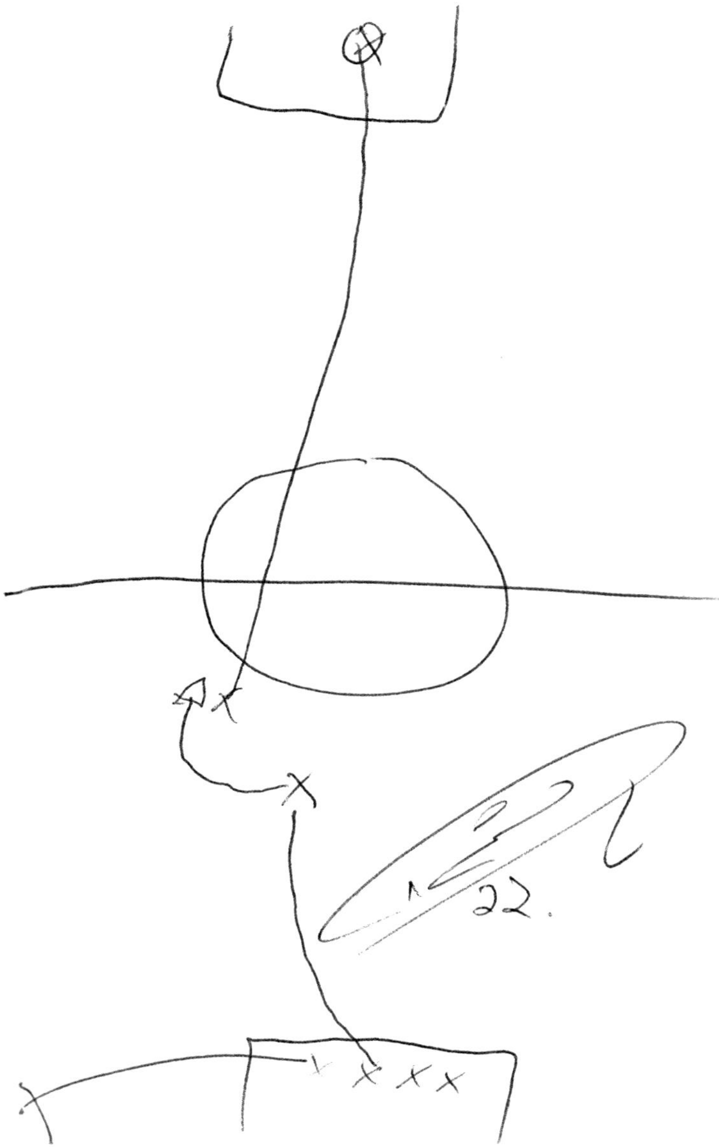
22.

# MICHAEL LAUDRUP

»Mein schönstes Tor unter den wichtigen oder auch mein wichtigstes unter den schönen Toren war gewiss mein Treffer im Weltpokalfinale 1985, den viele für das beste Tor der Geschichte halten. In Tokio, mit Juventus Turin gegen Argentinos Juniors. Ich habe kurz vor Schluss nach einem Doppelpass mit [Michel] Platini zum 2:2 getroffen. Ich habe im Strafraum den Ball bekommen und den Torwart noch ausgedribbelt. Aber dadurch wurde ich weggedrängt, der Winkel wurde immer spitzer. Und ich habe den Ball trotzdem noch ins Tor bekommen. Später ging es dann ins Elfmeterschießen – und wir haben den Pokal gewonnen.“

**Weltpokal 1985**
**Finale, 8.12.1985**
**Olympiastadion Tokio, Japan**
**Juventus Turin – Argentinos Juniors 2:2 (4:2 i. E.)**

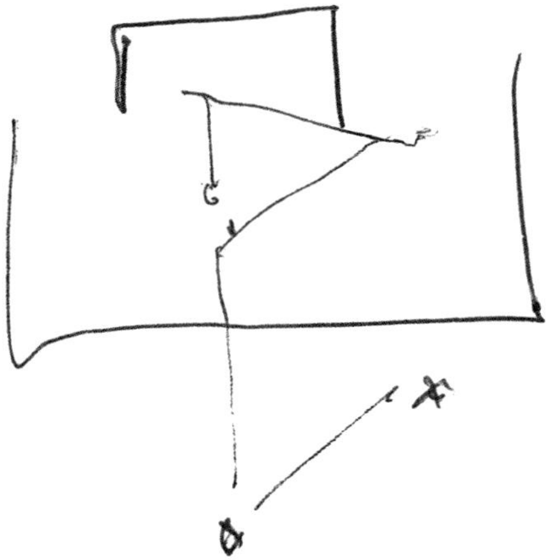

# RONALD DE BOER

„Wir sind in der Saison 1994/95 gleich dreimal auf das große Milan getroffen. Ich rede vom AC Milan mit Baresi, Gullit, Costacurta, Maldini und wie sie alle hießen … Im De Meer haben wir sie regelrecht auseinandergenommen. Und ich erzielte das erste Tor. Ich hatte Patrick Kluivert den Ball gegeben. Sein erster Ballkontakt war nicht mal gut, aber dann hat er, als er den Ball auf mich zurückspielen wollte, Baresi getunnelt. Und ich habe den Ball dann mit einem Außenristchip über diesen riesigen Torwart [Sebastiano Rossi] hinweg ins Tor geschlenzt.“

**Champions League 1994/95**
**Vorrunde, Gruppe D, 14.9.1994**
**De Meer Stadion, Amsterdam, Niederlande**
**Ajax Amsterdam – AC Milan 2:0**

GK
PK

# PAULO SERGIO

„Es war ein Derby gegen den 1. FC Köln, und das machte das Tor noch einmal besonders. Weil: Das Tor an sich war schön. Es wurde sogar Tor des Monats! Köln war damals richtig gut drauf, und wir auch. Wir wurden Vizemeister. Dirk Heinen war unser Torwart, und er schlug einen langen Ball, den jemand mit dem Kopf verlängerte, ich glaube, es war Erik Meijer. Ich habe den Ball mit dem Oberschenkel mitgenommen und dann mit links in den Winkel geschlagen. Ich bin danach zu einer Kamera gelaufen und habe Kusshände für meine Angehörigen verteilt. Die Medaille für das ‚Tor des Monats' habe ich zu Hause in São Paulo."

**Bundesliga 1996/97**
**16. Spieltag, 30.11.1996**
**Ulrich-Haberland-Stadion, Leverkusen, Deutschland**
**Bayer Leverkusen – 1. FC Köln 4:2**

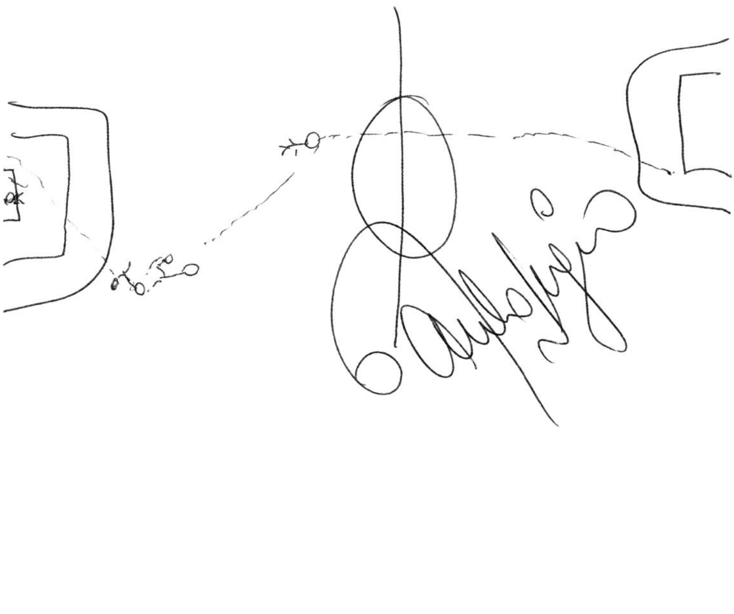

# PAUL BREITNER

„Mein wichtigstes Tor war in meinen Augen nicht, wie viele denken könnten, der Elfmeter im WM-Finale 74 gegen die Niederlande. Sondern das 1:0 im ersten Spiel der WM gegen Chile. Denn ohne dieses Tor hätten wir dieses zähe Spiel vielleicht nicht gewonnen, und dann wären wir womöglich gar nicht ins Finale gekommen! Ich habe in dem Spiel rechter Verteidiger gespielt – ich habe mit Berti immer wieder mal getauscht – und deswegen den Ball auch halbrechts im Halbfeld bekommen. Franz Beckenbauer hat mir den Ball vorgelegt, und ich habe mit rechts draufgehauen. Der Torwart flog und flog und flog. Aber der Ball landete oben links im Winkel."

---

**WM 1974**
**Vorrunde, Gruppe 1, 14.6.1974**
**Olympiastadion, West-Berlin, BRD**
**BRD – Chile 1:0**

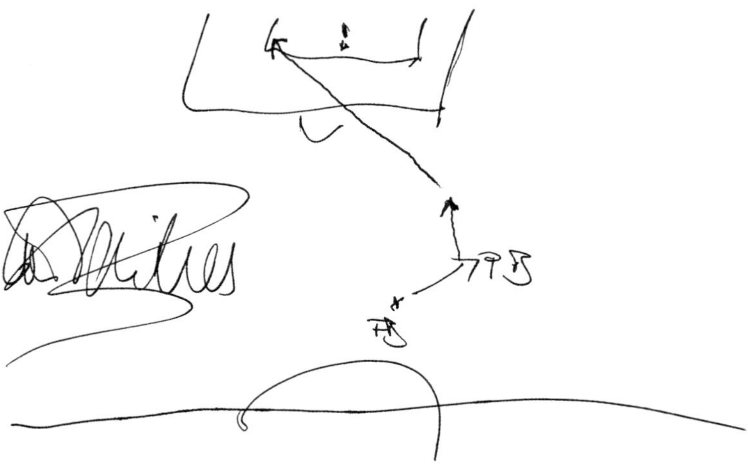
Miles

# JUNINHO PERNAMBUCANO

„Freistöße sind eine Partie für sich. Einen Freistoß zu schießen, ist eine Kunst, die nur Spieler beherrschen, die ein Talent dafür haben, den Ball exakt zu treffen. Dieses Talent muss man dann natürlich pflegen, durch Übung. Ich habe es in der Regel drei Mal pro Woche trainiert. Mindestens. Allerdings nur dann, wenn wir in der jeweiligen Woche ein einziges Spiel hatten. Wenn wir auch unter der Woche spielen mussten, habe ich das Pensum reduziert. Es ist sehr anstrengend und auch riskant, immer dieselben Bewegungen zu wiederholen. Aber ich habe das genossen.
Was es heißt, einen guten Freistoß zu schießen? Man muss ein Gefühl für die Entfernung haben, genau abschätzen können, ob man einen Ball direkt verwandeln kann oder nicht. Enorm wichtig: Man muss den Ball so treffen, dass man ihm Geschwindigkeit gibt, aber nach Möglichkeit auch eine Flatterbewegung, ehe er den Aktionsradius des Torwarts erreicht. Ich habe allein für Olympique Lyon 44 Freistoßtore erzielt. Eines, an das ich mich besonders erinnere, war ein Freistoß gegen Bayern München, 2004 im Olympiastadion. Das Spiel ging, glaube ich, 2:1 aus. Es

---

**Champions League 2003/04**
**Vorrunde, 5.11.2003**
**Olympiastadion München, Deutschland**
**FC Bayern München – Olympique Lyon 1:2**

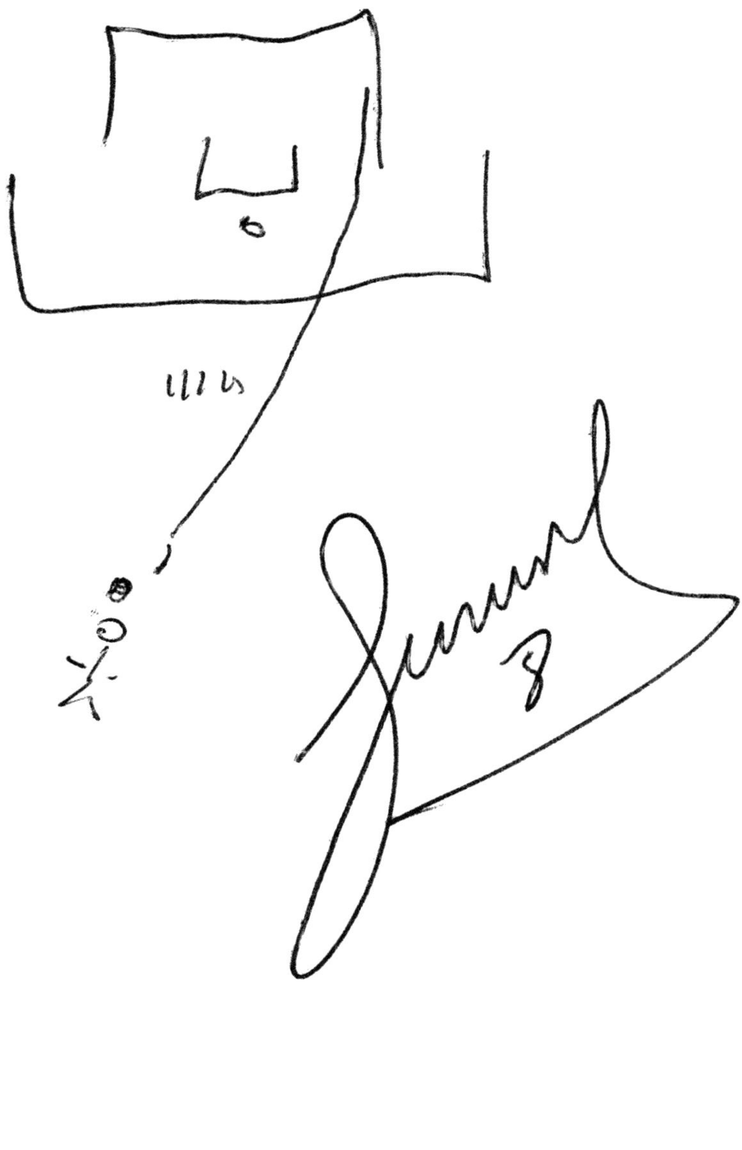

war in vielerlei Hinsicht perfekt: Weil ich aus großer Entfernung traf. Weil der Ball sich perfekt in den Winkel senkte. Und natürlich, weil in Oliver Kahn ein großartiger Keeper im Tor stand. Ich habe das damals gar nicht mitbekommen, dass Kahn mit dem Kopf gegen den Pfosten flog, ich habe das erst später im Fernsehen gesehen. Ein Wunder, dass er sich da nichts getan hat!

Aber richtig lustig war der Moment, als sich der Balljunge hinterm Tor bewegte, weil er davon überzeugt war, der Ball geht vorbei. Er wollte den Ball fangen. Tja."

# LIONEL SCALONI

„Ich habe nicht so viele Tore geschossen. Aber ich erinnere mich vor allem an ein Tor, das ich in letzter Minute gegen Hamburg geschossen habe, mit Deportivo La Coruña. Es war das erste Champions-League-Spiel des Klubs in der Vereinsgeschichte, in Riazor. Walter Pandiani hatte uns in Führung gebracht, Hamburg glich durch Sergej Barbarez aus. Und im letzten Spielzug der Partie leitete Donato einen Flachpass von Mauro Silva mit dem Absatz auf mich weiter. Der Abwehrspieler dachte, ich würde den Ball querlegen. Aber ich habe die Augen zugemacht und einfach mit voller Kraft aufs Tor geschossen. Wie hieß nochmal der Torwart? Ah, ja: Butt!!!“

---

**Champions League 2000/01**
**Vorrunde, Gruppe E, 19.9.2000**
**Estadio de Riazor, A Coruña, Spanien**
**Deportivo La Coruña – Hamburger SV 2:1**

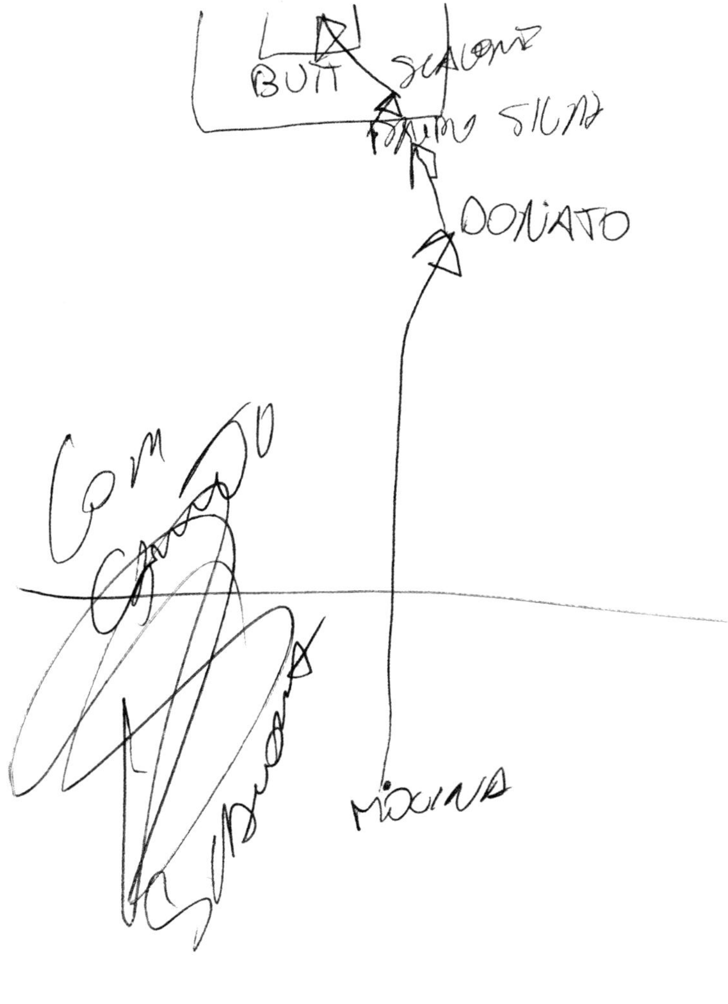
DONATO

# LUDOVIC GIULY

„Niemand konnte es damals wissen: Aber das Tor, mit dem wir mit dem FC Barcelona 2006 gegen den AC Milan in das Champions-League-Finale von Paris eingezogen sind, war das Tor, das ich im Hinspiel erzielte. Ronaldinho passte mir den Ball aus dem Stand in den Lauf, und ich habe mit links volley an den ersten Pfosten geschossen. Wir haben in jenem Jahr den Europapokal gewonnen. Und ganz ehrlich: Für mich ging damit ein Traum in Erfüllung.“

---

**Champions League 2005/06**
**Halbfinale, Hinspiel, 18.4.2006**
**Stadio Giuseppe Meazza, genannt „San Siro“, Mailand, Italien**
**AC Milan – FC Barcelona 0:1 (Rückspiel 0:0)**

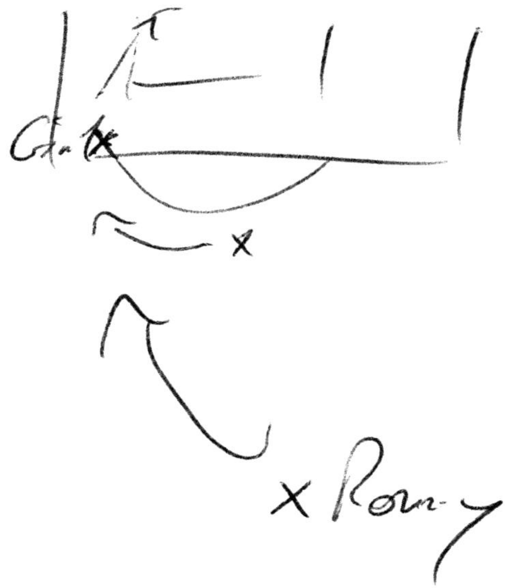


Milan

# JUAN PABLO SORÍN

„Ich habe ein Tor erzielt, das spektakulär beschreibt, wie River Plate im Jahr 1996 spielte. Wir hielten den Ball mehr als anderthalb Minuten in unseren Reihen, ehe ich ins Tor traf. Und dann habe ich für den FC Villarreal ein Tor geschossen, das nicht sonderlich schön, aber sehr wichtig war, weil wir uns für die Gruppenphase der Champions League qualifiziert haben. Aber wenn ich ein Tor wählen muss, dann das Tor, das ich nicht als Fußballer, sondern als Mensch erzielt habe. Vor ein paar Jahren haben wir mit Freunden und Kollegen mit ‚Las Aliadas de la Villa 31', dem Frauen-Team aus dem Armenviertel Villa 31 in Buenos Aires, ein kleines Trainingscamp veranstaltet. Und dabei erfuhr ich von ihrem Kampf und dass sie schon sehr lange und allein auf sich gestellt um ihre Rechte als Frauen kämpften. Diese Frauen als Ex-Spieler und Ex-Kapitän der argentinischen Nationalmannschaft unterstützt zu haben, war für mich wie ein Tor. Weil ich gemerkt habe, dass wir ihnen das Gefühl vermittelt haben, dass sie nicht mehr allein waren. Dieses Tor, auf das ich stolz bin, ist mir viel mehr wert als alle anderen Treffer. Und es ist ein Tor, das fortwährt, bis die Fußballerinnen die Macht haben, die sie verdienen."

---

**„Das fortwährende Tor"**
**Ohne Datum**

Derechos

Apoyo humano
ex jugador y
capitán
- Selección Femenina
Argentina

Igualdad
Golazo!!

Sorin

# PATRICK KLUIVERT

„Mein emotionalstes Tor war gegen Brasilien im Halbfinale der WM in Frankreich. Es blieb nur noch wenig Zeit, Edgar Davids und Frankie de Boer hatten im Mittelfeld den Ball erobert, und als er nach rechts gewandert war, schlug Ronald de Boer eine Flanke, die ich per Kopf ins Tor wuchtete. Es war ein fantastisches Match. Absolut finalwürdig. Aber für das Endspiel hat es leider nicht ganz gereicht.“

---

**WM 1998**
**Halbfinale, 7. Juli 1998**
**Stade Vélodrome, Marseille, Frankreich**
**Brasilien – Niederlande 1:1 (4:2 i. E.)**

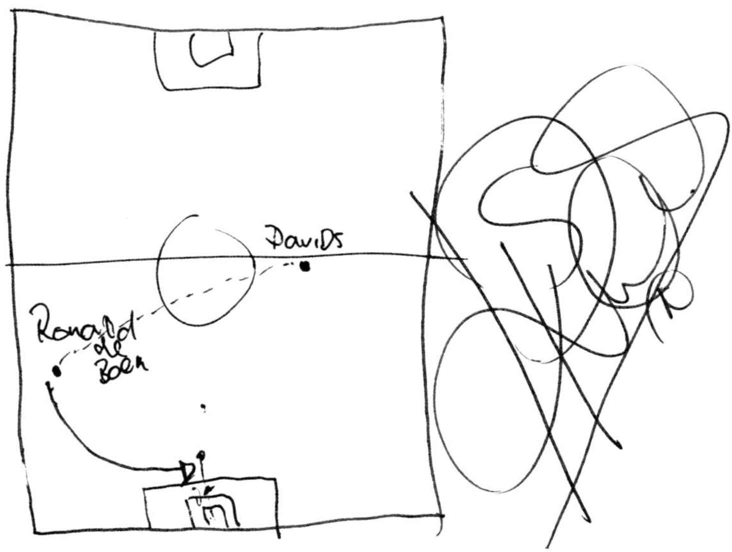
Davids
Ronald de Boer

# ROBERTO CARLOS

„Das war ein ganz außergewöhnliches Freistoßtor. Um die Kurve, die der Ball beschrieb, haben sich sogar Wissenschaftler gekümmert! Ich hatte mich bei der Vorbereitung auf den Schuss vor der Mauer der Franzosen so versteckt, dass Barthez, der Torwart der Franzosen, nicht erraten konnte, was ich machen würde – nämlich direkt aufs Tor schießen. Ich habe den Ball genau getroffen: mit der Drei-Zehen-Technik, also mit der Außenseite meines linken Fußes. Aber es war nicht nur Kraft. Rechts neben dem Tor war eine grell leuchtende Reklametafel, ich glaube, von der Post. Und das war beim Schuss mein Referenzpunkt – nicht das Tor! Barthez hat überhaupt nicht reagiert. Ich glaube, er war sich sicher, dass der Ball vorbeigehen würde.“

---

**Tournoi de France 1997**
**1. Spieltag, 3.6.1997**
**Stade de Gerland, Lyon, Frankreich**
**Frankreich – Brasilien 1:1**

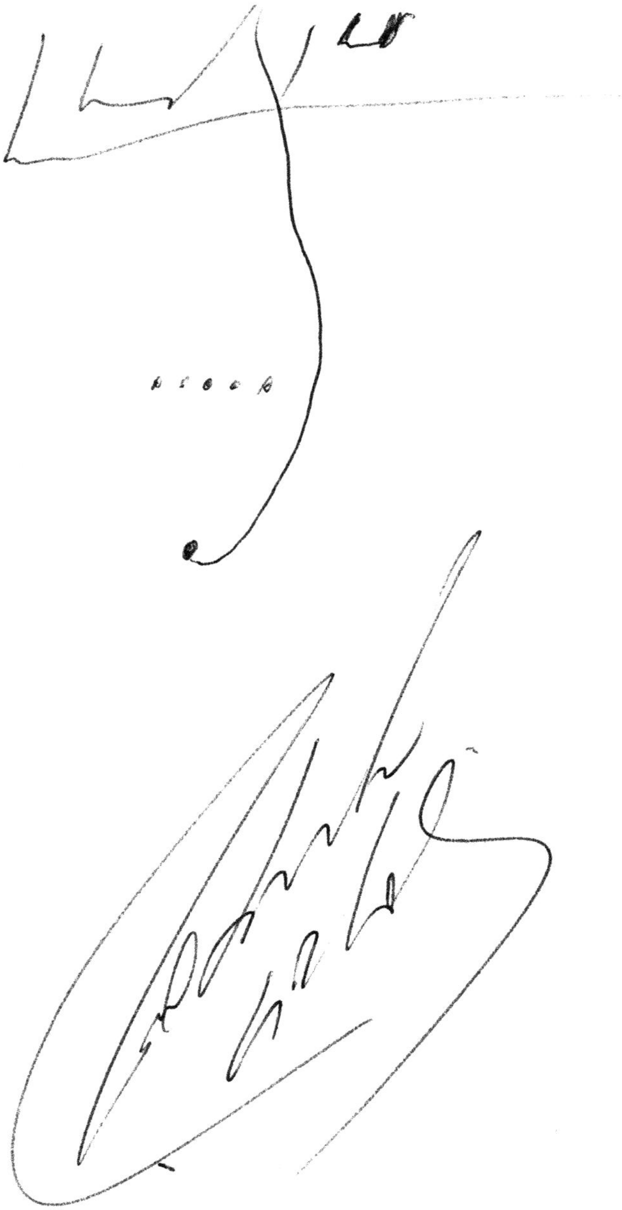

# OLIVER BIERHOFF

„Ich habe in meiner ganzen Karriere niemals nach einem Tor das Trikot ausgezogen. Nach dem Golden Goal aus dem Europameisterschaftsfinale 1996 in Wembley gegen Tschechien aber schon. Weil ich wusste, dass das Finale vorbei war. Und dass wir Europameister waren. Vielleicht aber auch, weil ich unterbewusst den Frust und Ballast abstreifen wollte, der sich bei mir angestaut hatte.

Der Frust rührte daher, dass ich zwar auf der einen Seite sehr froh war, bei der EM 1996 überhaupt dabei zu sein. Auf der anderen Seite wollte ich als ehrgeiziger Spieler einen größeren Beitrag leisten, als mir zugestanden wurde. Bis zum Finale hatte ich in nur fünf Spielen einen Startelfeinsatz, zwei Mal wurde ich eingewechselt. Dann tobte vor dem Finale auch noch die vom DFB bewusst befeuerte Debatte darüber, ob unsere Ersatztorhüter Oliver Kahn und Oliver Reck als Feldspieler aufgeboten werden, weil wir so viele Verletzte hatten. Es kam dazu zwar nicht mehr, weil am Ende Jens Todt nachnominiert werden durfte. Aber ein Gefühl, dass einem Vertrauen entgegengebracht wird, baute sich da natürlich nur bedingt auf.

---

**EM 1996**
**Finale, 30.6.1996**
**Wembley (old), London, England**
**Deutschland – Tschechien 2:1 (n. V.)**

BOMBE!
03
Klinsmann

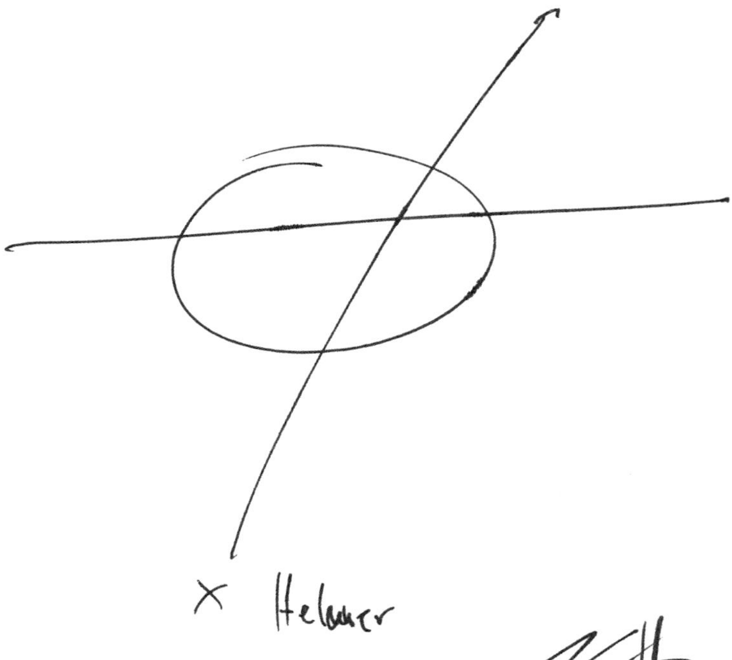
Helmer

Zwei, drei Tage vor dem Finale kamen zwei ZDF-Journalisten, Jochen Bouhs und Nils Kaben, aus dem Mannschaftshotel in London heraus, um mit mir essen zu gehen. Das klingt aufregender, als es tatsächlich war. Unerlaubt war der Ausgang ja nicht. Ich bin nie anfällig für Gruppen-Koller gewesen. Aber nach fünfeinhalb Wochen Trainingslager und Turnier war es wohltuend, sich einfach mal eine Jeans anzuziehen, zu Fuß in ein nettes Restaurant zu gehen, mit anderen Leuten andere Gespräche zu führen. Auch wenn wir am Ende gewiss auch über die EM und das Finale gesprochen haben.
Jochen kannte ich gut, seit ich 1991 nach Italien gewechselt war. Er hatte mich in Ascoli und Udine immer wieder mal für Reportagen besucht. Da das immer auch sehr zeitintensive Termine waren, hatte sich zwischen uns eine lockere Beziehung aufgebaut. Er war wohl mitverantwortlich dafür, dass der damalige Bundestrainer Berti Vogts mich überhaupt für die EM nominierte. Frau Vogts hatte im ZDF eine Bouhs-Reportage über mich gesehen und zu ihrem Mann gesagt, ich würde es ihm gewiss danken, wenn er mich mitnähme.
Jochen und Nils erzählen gern, wir hätten uns zu dritt vier Flaschen Wein geteilt. Ob das stimmt, weiß ich nicht. Aber ich halte es für äußerst unwahrscheinlich, dass es bei einem Glas geblieben ist. Erstens, weil Jochen und Nils einen guten Schluck haben, und zweitens, weil ich in Italien gelernt hatte, Wein zu genießen. Aber ganz ehrlich: Ein ‚Frust-Saufen' war es sicher nicht. Auch wenn ich weiß, dass Jochen und Nils erzählten, sie hätten mich bei unserem Essen trösten und aufbauen müssen. Weil ich irgendwann gesagt hätte: ‚Ich spiele im Finale eh nicht.' ‚Die werden dich noch brauchen. Im Finale kommst du rein und machst zwei Buden', so was in der Art, das hat Jochen bestimmt gesagt. Wenn er das wirklich ernst gemeint haben sollte, dann sollte man bei ihm häufiger mal die Lottozahlen bestellen ... Denn eins war

ja völlig klar: dass ich im Finale auf der Bank sitzen würde. Stefan Kuntz hatte im Halbfinale getroffen, und Jürgen Klinsmann war rechtzeitig wieder fit geworden. Ich habe aber auch deshalb nicht mit einem Einsatz gerechnet, weil ich dachte: Irgendwie drehen wir das schon. Als die Tschechen per Elfmeter die Führung erzielten [59. Minute, Patrik Berger], war für mich aber genauso klar, dass ich reinkomme. Ich machte mich hinterm Tor von Andreas Köpke warm und dachte: Jetzt muss er wechseln. Berti Vogts aber zögerte, so kam mir das vor, und je länger es dauerte, desto stärker war ich innerlich genervt. Wie lange wartet der denn jetzt noch?, dachte ich.

Manchmal entwickelt man aus so einer Situation heraus negative Energie. Bei mir war das überhaupt nicht der Fall. Ich war auch null aufgeregt, als ich in der 68. Minute tatsächlich auf den Platz kam. Ich hatte eher das Gefühl: Eigentlich könnt ihr mich. Aber ich habe jetzt nichts zu verlieren, also häng' ich mich voll rein – und versuche alles. Nicht im Sinne von: Ich regel' das jetzt. Eher voller Ruhe und Festigkeit.

Ich habe mir das Spiel nie wieder richtig angesehen. Aber den Spielzug zum 2:1 habe ich klar vor Augen. Es war ein ganz langer Ball, wie er auch in Italien oft auf mich geschlagen wurde, auf dass ich den Ball halte oder ablege – so wie in der Verlängerung des Finales auf Jürgen. Als Jürgen den Ball zu mir zurückspielen wollte, wusste ich eines instinktiv: Mit links kann er nicht fest flanken. Das hieß: Jede Form der Direktabnahme war von vorneherein ausgeschlossen. Ich habe den Flankenball deshalb sehr bewusst heruntergenommen. Ich stand jedoch mit dem Rücken zum Tor. Eigentlich wollte ich mir den Ball auf den rechten Fuß legen, auf meinen stärkeren Fuß. Aber von hinten kam Marco Bode angelaufen und schrie: ‚Andersrum!', oder irgendetwas in der Art, und da habe ich mich tatsächlich nach links gedreht. Wahrscheinlich wollte Marco den Ball. Aber ich habe einfach ab-

gezogen, weil ich längst die Orientierung zum Tor hatte. Und das war, wie wir heute wissen, die richtige Entscheidung.
Klar, der Schuss war haltbar. Aber ich bleibe dabei: Ganz so einfach, wie es auf den Bildern aussieht, war es nicht. Der Ball bekam einen komischen Drall. In jedem Fall bin ich für das Tor dankbar. Obwohl ich manchmal ein schlechtes Gewissen habe gegenüber den Kollegen, die auch ihren Beitrag zum Sieg beigetragen haben und sich womöglich denken: Da spiele ich hier seit zehn Jahren auf höchstem Niveau, und dann kommt der daher – und schießt so ein Gurkentor …
Ein Journalist sagte mal, und das stimmt auch: Am Ende bleiben von einer langen Karriere nur drei, vier Bilder hängen. Bei Uwe Seeler sind es der hängende Kopf beim Finale von Wembley 1966 und das Tor mit dem Hinterkopf bei der WM in Mexiko 1970, bei Franz Beckenbauer die Armbinde aus dem Jahrhundertspiel gegen Italien, bei Lothar Matthäus das Tor gegen Jugoslawien – und bei mir ist es eben das Golden Goal. In einer derart eindrücklichen Weise, dass viele vergessen, dass ich auch unser erstes Finaltor gegen die Tschechen geschossen hatte, ohne das es die Verlängerung gar nicht gegeben hätte.
Wenn ich zurückblicke, ist das alles schon Weltklasse gewesen. Weil das Tor meine Karriere noch einmal beschleunigt hat. Ich habe meine Leistung bestätigt: Nach dem Finale 1996 habe ich bis ins Jahr 2000 hinein jedes Länderspiel gemacht! Ich wurde 1998 in Italien vor Ronaldo mit 27 Treffern Torschützenkönig und danach zum damals teuersten deutschen Transfer überhaupt. Ich wurde mit dem AC Milan italienischer Meister, habe dazu 20 Tore beigetragen und bin einer der wenigen ausländischen Stürmer überhaupt, die in Italien mehr als 100 Tore erzielt haben … Und ich wurde in Deutschland ganz anders wahrgenommen. Ich bekam mehr mediale Aufmerksamkeit, Werbeangebote – und wer weiß, ob ich ohne das Golden Goal die Gelegenheit bekommen

hätte, meinen zweiten Titel mit der Nationalmannschaft zu holen, ich war ja 2014 Nationalmannschafts-Manager, als wir in Rio de Janeiro Weltmeister wurden. Aber ich bin ganz froh, dass das Golden Goal abgeschafft wurde. Weil ich auf diese Weise eine Art Alleinstellungsmerkmal habe? Ha, ja. Aber vor allem, weil ich finde, dass Endspiele ausgespielt gehören."

# MARIO KEMPES

„Ich werde immer wieder gefragt, was uns César Luis Menotti vor der Verlängerung des WM-Finales 1978 gesagt hat. Ehrlich gesagt: Ich weiß es nicht. Ich weiß nicht einmal, wo ich war. Beziehungsweise doch: Ich schwebte weder auf einer Wolke noch war ich auf dem Mond. Ich war voll im Spiel. Und deswegen war es gar nicht notwendig, Menotti zu hören. Wir hatten so lange mit ihm zusammengearbeitet, dass jeder wusste, was zu tun war. Ich wusste es jedenfalls. Nach 90 Minuten hatte es 1:1 gestanden, die Niederländer hatten mein Tor zum 1:0 durch Nanninga ausgeglichen. Mein zweites Tor fiel in der 105. Minute. Der Spielzug begann auf der linken Seite: Bertoni passte mir den Ball zu, ich dribbelte erst nach innen, dann wieder nach außen, und dann stocherten ich und ein paar Niederländer nach dem Ball. Ich stieß ihn über die Linie – mit gestrecktem Bein. Was das Tor bedeutete? Im Kleinen, dass ich ein Tor mehr hatte als Teófilo Cubillas und Rob Rensenbrink und mit sechs Treffern Torschützenkönig wurde. Und im Großen, dass Argentinien nach unserem dritten Tor durch Bertoni Weltmeister wurde – zum ersten Mal überhaupt.“

---

**WM 1978**
**Finale, 25.6.1978**
**Estadio Monumental, Buenos Aires, Argentinien**
**Argentinien - Niederlande 3:1 (n. V.)**

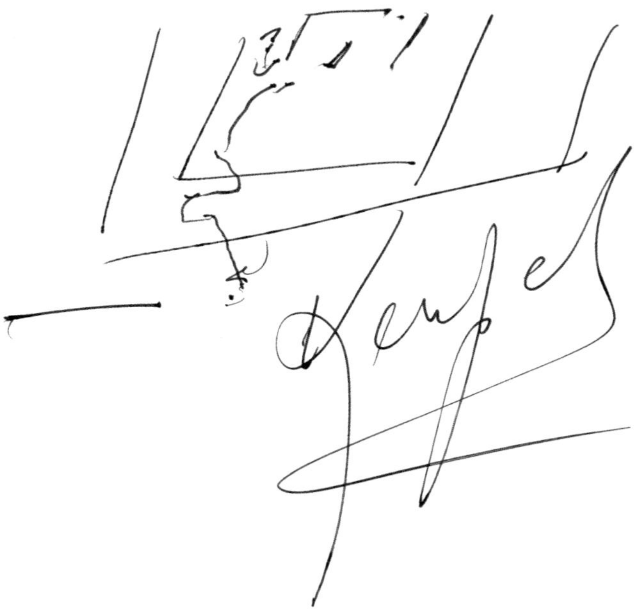

# STEFAN KUNTZ

„Ich habe die emotionalen Ausbrüche nach Toren immer wahnsinnig genossen. Aber ich habe eigentlich schon im nächsten Moment sofort daran gedacht, das nächste Tor zu schießen – weil ich süchtig danach war, das wieder zu erleben. Ich habe immer sehr viel Kraft daraus gezogen, dass ich Gefühle erleben durfte, die sich der größte Milliardär nicht kaufen konnte. Sich vor die Kurve zu stellen und mit ihr zu jubeln, diese Anerkennung zu erfahren – das kann keiner kaufen. Es war nach dem Ende meiner Karriere auch sehr schwierig, einen Ersatz dafür zu finden. Während meiner aktiven Zeit gab es im Grunde nur einen einzigen Moment, wo ich hätte sagen können: Jetzt kannst du aufhören. Das war nach dem Europameisterschafts-Halbfinale von 1996. Warum es so besonders war? Ich war zwar mit Kaiserslautern Meister und Pokalsieger geworden, und ich war schon 33 Jahre alt. Aber ich hatte das Gefühl: Ein letzter Beweis fehlt dir noch. Ich habe ja in keinem der richtig großen Vereine gespielt. Dieses Tor bedeutete für mich: Du kannst auch Nationalmannschaft! Du kannst auch in wichtigen Spielen treffen! Auf richtig großen Bühnen! Denn das war es ja, eine richtig große Bühne: das alte Wembley.“

---

**EM 1996**
**Halbfinale, 26.6.1996**
**Wembley (old), London, England**
**Deutschland – England 1:1 (6:5 i. E.)**

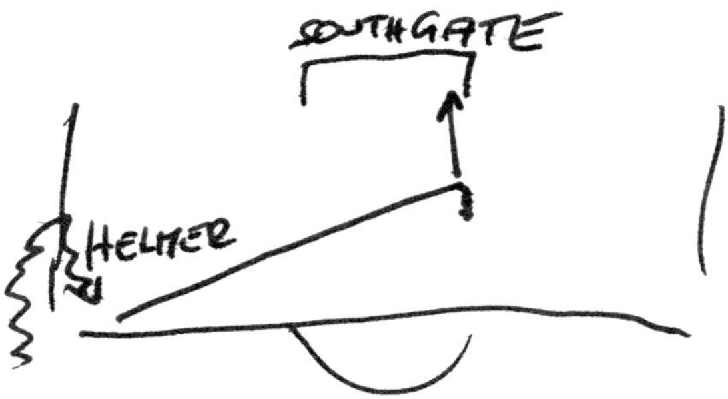
SOUTHGATE
HELMER

# MAURICIO POCHETTINO

„Ich habe mal ein Tor in der WM-Qualifikation erzielt, das ungemein wichtig für uns war – aber es war mit der Hand. Im Defensores del Chaco, in Asunción. ‚La Bruja' [die Hexe] Verón hatte eine Ecke von links getreten, dicht vors Tor, und ich habe den Ball mit der Faust ins Tor geboxt. Ich bin losgelaufen und habe gemerkt, dass Chilavert [der Torwart der Paraguayer] auch loslief und außer sich war. Ich dachte, er kommt hinter mir her. Da konnte man es schon mit der Angst zu tun bekommen. Chilavert war Chilavert! Aber der war hinter dem Schiedsrichter her. Und protestierte. Aber es half nix: Es gab damals keinen Videoschiedsrichter …"

**Qualifikation zur WM 2002**
**Südamerikagruppe, 16. Spieltag, 7.10.2001**
**Estadio Defensores del Chaco, Asunción, Paraguay**
**Paraguay – Argentinien 2:2**

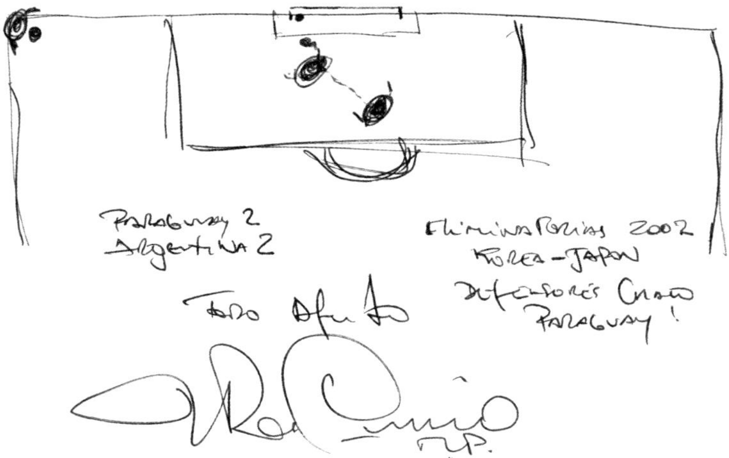
Paraguay 2
Argentina 2
Eliminatorias 2002
Korea – Japon
Defensores Chaco
Paraguay!

# MICHAEL ROBINSON

„Ich war 1983 von Brighton Hove & Albion zum FC Liverpool gewechselt. Und ich hatte einen fürchterlichen Saisonstart. Bis wir im Europapokal der Landesmeister gegen Odense spielten und ich nach neun Spielen ohne Tor traf. Ich war am Morgen noch überzeugt davon, dass ich nicht spielen würde. Die Presse kreuzigte mich jeden Tag, und dann rief mich [Trainer] Joe Fagan am Spieltag auch noch in sein Büro. Er sagte mir, dass er schlimme Dinge über mich lese. Aber dass ihm seine Frau Daisy am Morgen gesagt hatte, er solle ja nicht auf die Idee kommen, mich nicht aufzustellen. Ich sei der wichtigste Spieler Liverpools. Er sagte mir dann, dass er mir die Mannschaftsaufstellung verraten werde. Er zeigte mir einen Zettel, und darauf stand ein einziger Name: ‚Robinson'. Das war ein spektakulärer Move von Joe, es gab mir ein wahnsinniges Selbstvertrauen. Wir haben in der Saison den Pokal gewonnen, in Rom, im Elfmeterschießen gegen die AS Roma. Ich schoss selbst kein Tor und musste im Elfmeterschießen auch nicht antreten. Unsere Feier danach war legendär. So legendär, dass ich anderntags wieder zurücklaufen musste, als ich am Flieger stand. Ich war im Duty-Free-Shop Zigaretten für meine Mutter kaufen gewesen – und hatte den Pokal an der Kasse vergessen."

---

**Europapokal der Landesmeister 1983/84**
**1. Runde, Rückspiel, 28.9.1983**
**FC Liverpool – Odense BK 5:0 (Hinspiel 1:0)**

LIVERPOOL ODONSE

83/84 COPA DE EUROPA.

# MAZINHO

„Mein schönstes Tor war bei einem Spiel gegen den FC Barcelona, nach einem Eckball von Barça. Unsere Abwehr hatte den Ball abgefangen, und ich habe dann den Angriff mit einem Pass auf [Alexander] Mostovoi eingeleitet. Er lief mit dem Ball davon, flankte von rechts auf Manu Sánchez, der den Ball per Kopf nach links auf Haim Revivo weiterleitete, und der legte ihn auf mich ab. Ich hatte den Spielzug eigentlich nur begleitet. Aber als ich den Ball bekam, habe ich aus mehr als 20 Metern mit links an den kurzen Pfosten geschossen.“

**Spanische Meisterschaft 1997/98**
**31. Spieltag, 29.3.1998**
**Estadio de Balaídos, Vigo, Spanien**
**Celta de Vigo – FC Barcelona 3:1**

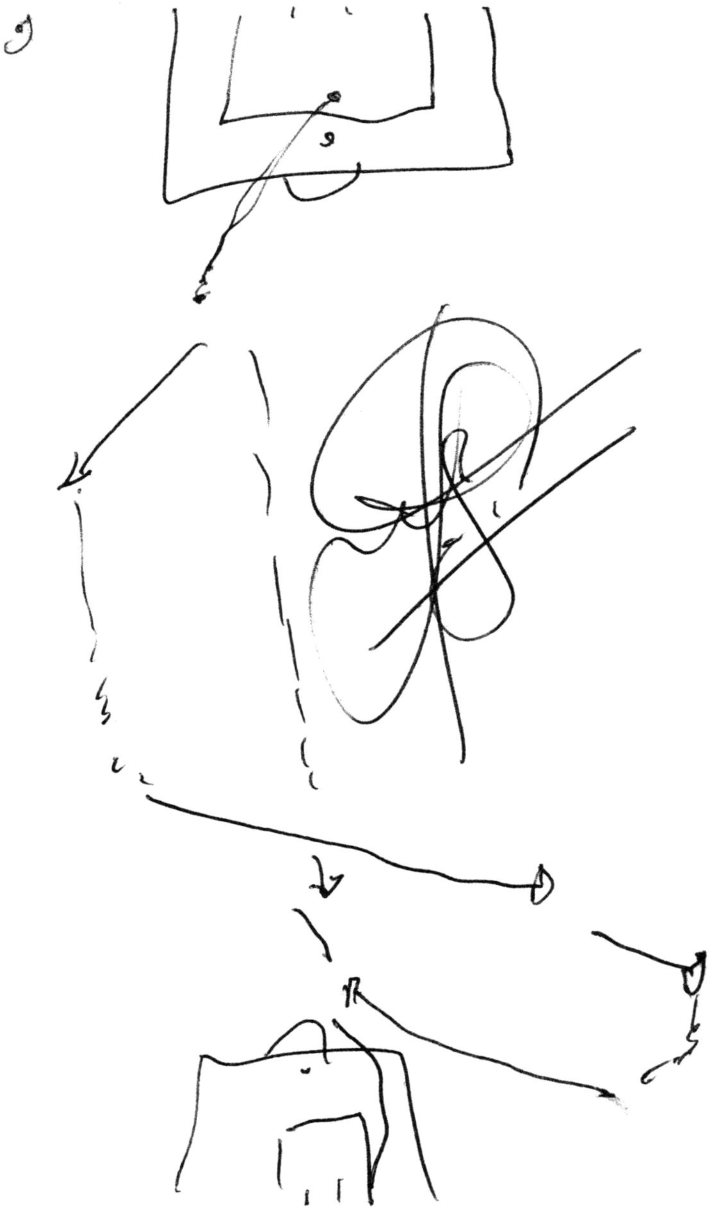

# LUIS FIGO

„Das emotionalste Tor war eines mit Sporting gegen Benfica. Ich schoss es, wenige Tage nachdem ein sehr guter Freund einem Unfall erlitten hatte, er ist seither gelähmt. Es war ein Kopfballtor, das verdienstvoll war, obwohl ich fast auf der Linie stand. Das wichtigste Tor aber war unser erstes Tor mit Portugal gegen England bei der EM 2000. Wir lagen nach einer Viertelstunde mit 0:2 hinten. Ich habe den Ball im Mittelfeld an mich genommen und bin über den halben Platz gelaufen. Zwei Verteidiger kamen auf mich zu. Aber ich habe den Ball aus 30 Metern zum 1:2 ins Kreuzeck geschossen. Und dann haben wir noch 3:2 gewonnen."

---

**EM 2000**
**Vorrunde, Gruppe 1, 12.6.2000**
**PSV-Stadion, Eindhoven, Niederlande**
**Portugal – England 3:2**

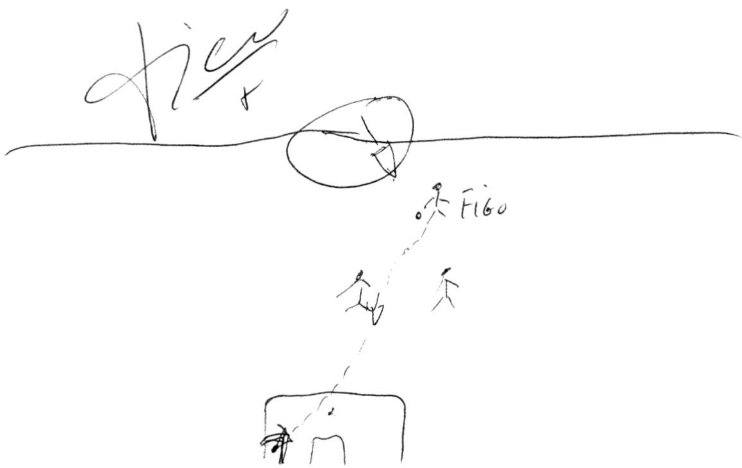
FIGO

# ZICO

„Besonders stolz bin ich auf das 2:0 gegen Cobreloa, als wir mit Flamengo die erste und lange Zeit einzige Copa Libertadores gewonnen haben. Ich hatte schon das erste Tor geschossen, und dann habe ich einen Freistoß direkt verwandelt. Mit dem Innenspann. Ich sehe noch vor mir, wie der Torwart [Óscar Wirth] sich fragte: Und wo ist jetzt der Ball? Doch da lag der schon im Netz.“

---

**Copa Libertadores 1981**
**Finale, Entscheidungsspiel, 23.11.1981**
**Estadio Centenario, Montevideo, Uruguay**
**Flamengo Rio de Janeiro – Cobreloa (Chile) 2:0**
**(Hinspiel 2:1, Rückspiel 0:1)**

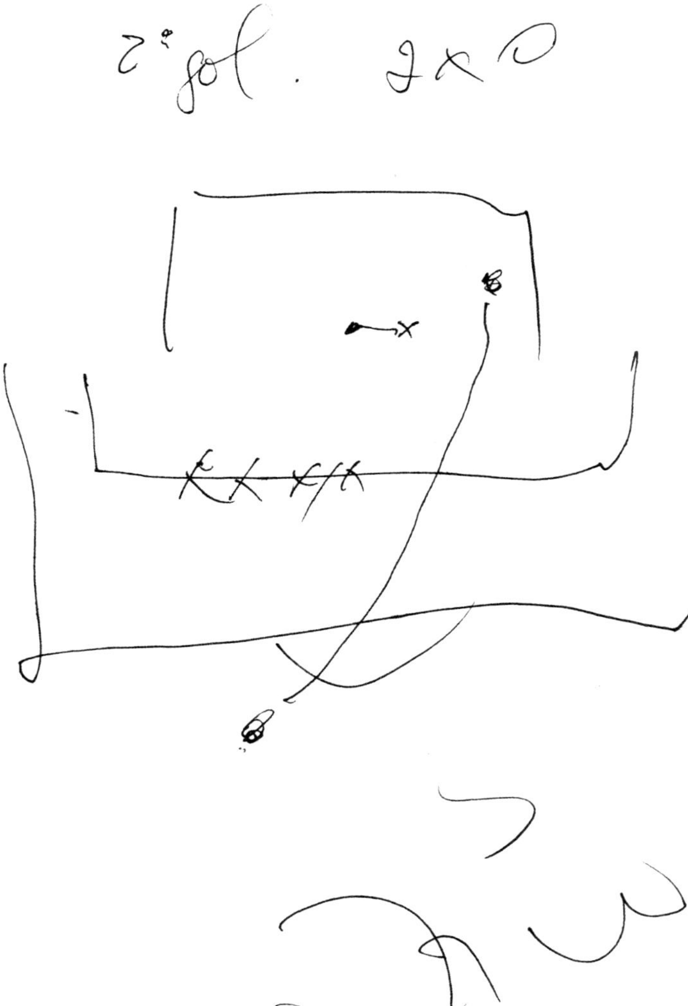

# JOSEP GUARDIOLA

» Ich habe nicht sehr viele Tore erzielt. Aber die allermeisten waren wirklich schön. Das spektakulärste von allen war gewiss jenes Freistoßtor, das ich 1996 bei Deportivo La Coruna geschossen habe, kurz nach der Entlassung von Johan Cruyff als Trainer bei FC Barcelona. Es war ein Freistoßtor, aus einer gigantischen Entfernung, unter die Querlatte. Ich war übrigens ein sehr guter Freistoßschütze. Es ist nur so gewesen, dass ich beim FC Barcelona selten Gelegenheit hatte, Freistöße zu schießen, weil Ronald Koeman sich immer als Erster und Hristo Stoitschkov als Zweiter den Ball schnappte ...

Das Tor, das für mich die größte Bedeutung hat, ist mein erstes Tor mit der ersten Mannschaft des FC Barcelona. Gegen Atlético Madrid, in der spanischen Liga, im Camp Nou, wo ich einst Balljunge gewesen war. Und es war alles andere als einfach. Romário war über rechts gekommen, und sein Fernschuss wurde am Strafraum geblockt, so dass der Ball vor meine Füße rollte. Ich weiß noch, dass der Ball einen umgekehrten Drall bekommen hatte und dass ich nur daran dachte, den Körper richtig zu halten, um den Ball gut und mit der richtigen Härte zu treffen. Zumal es ja auch noch mit links war. Ich verstehe im Grunde erst jetzt, seit ich

---

**Primera División 1994/95**
**6. Spieltag, 8.10.1994**
**Camp Nou, Barcelona, Spanien**
**FC Barcelona – Atlético Madrid 4:3**

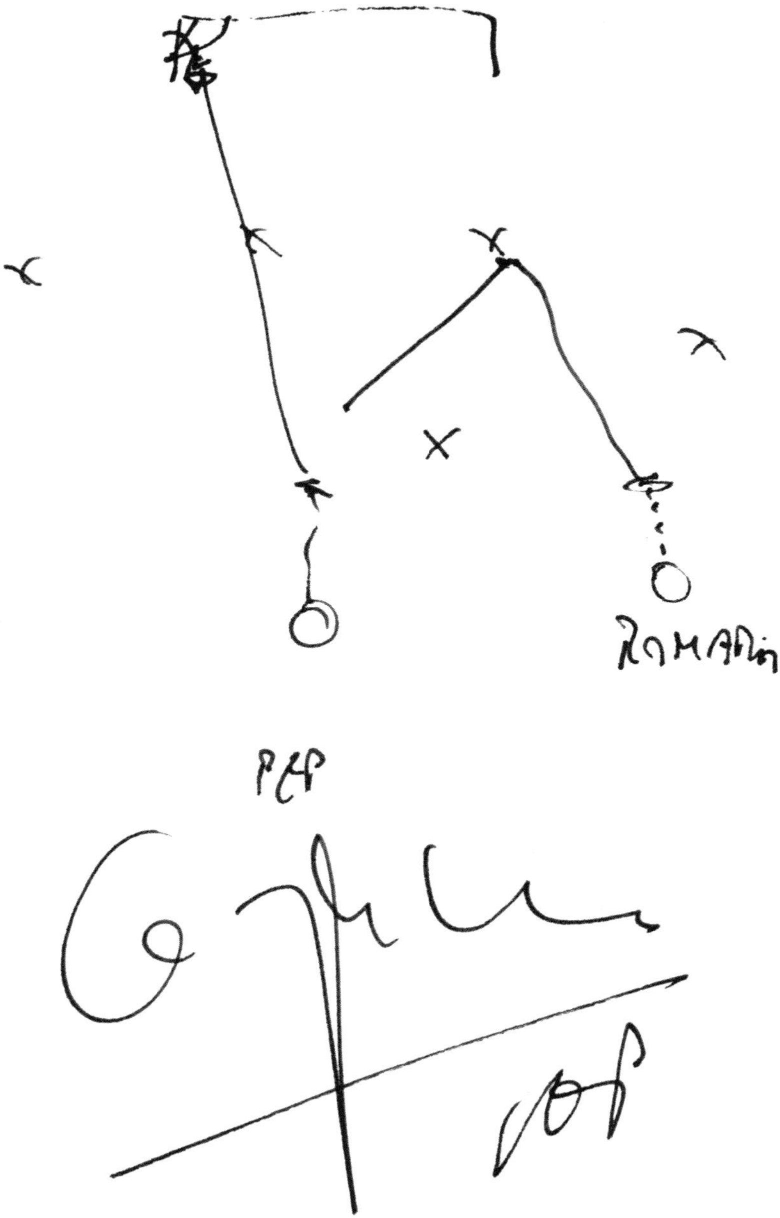
ROMARIO
PEP

Golf spiele, was ich da gemacht habe: Ich habe versucht, mit meinem Bein eine fließende Bewegung zu machen und diese Bewegung bis zum Ende durchzuziehen. Wie beim Swing. Als der Ball dann im Knick landete, konnte ich es selbst kaum glauben. Ich wollte den Ball ja erst mal nur aufs Tor bekommen! Ich habe die Hände vors Gesicht gehalten, weil ich dachte: ‚Ah bueno ... Was hast du da nur angerichtet?!' Aber wissen Sie, was ich wirklich faszinierend finde: dass ich diese Szene so klar vor Augen habe. So klar, dass ich jede Geste genauso wiederholen würde, wenn sich die Szene jetzt, in diesem Augenblick, nochmal so zutragen würde. Ich bin mir sicher, dass ich imstande wäre, den Schuss genauso auszuführen – und den Ball wieder in den Winkel zu jagen."

# ROQUE SANTA CRUZ

„Das Tor gegen Argentinien in der WM-Qualifikation 2005, im Estadio Defensores del Chaco – weil wir uns für die WM 2006 qualifizieren konnten und weil dieses 1:0 der erste Sieg Paraguays gegen Argentinien überhaupt war. Es war eine sehr unübersichtliche Szene: Hier ein Pass und da ein Pass, dann landete der Ball am Strafraum, und ich setzte mich gegen drei Argentinier durch. Am Ende kam noch Gabriel Heinze herangeflogen und versuchte, mich im Strafraum zu blocken. Aber er flog an mir vorbei, und ich habe den Ball schräg in die Ecke geschoben."

**Qualifikation zur WM 2006**
**Südamerika-Gruppe, 16. Spieltag, 3. September 2005**
**Estadio Defensores del Chaco, Asunción, Paraguay**
**Paraguay – Argentinien 1:0**

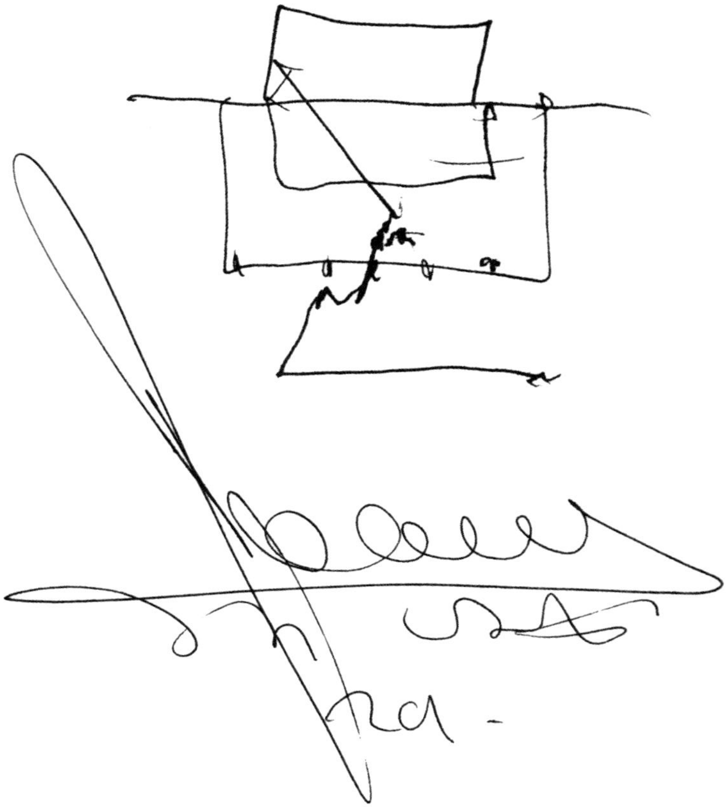

# CLAUDIO BORGHI

„Wenn es einen Treffer gibt, auf den ich immer wieder angesprochen werde, dann ist es jener, den ich mit Audax Italiano bei Santiago Wanderers erzielt habe. Ich glaube, es liegt daran, dass sich niemand erklären kann, wie ich gegen den Ball getreten habe, ob mit dem Außenspann oder mit den drei äußeren Zehen des Fußes. Und ehrlich gesagt: Ich kann es auch nicht erklären. Ich hatte den Ball im Mittelfeld bekommen, hatte einen Verteidiger ausgedribbelt und war dann mit dem Ball nach links gelaufen. Und dann habe ich gegen meine eigene Laufrichtung in vollem Lauf gegen den Ball getreten. Der Ball landete im rechten Winkel. Mit einer Natürlichkeit, die seltsam war. Manche Dinge macht man einfach. Die kann man nicht erklären."

---

**Primera División 1995/96**
**20. Spieltag, 17.8.1996**
**Estadio Bicentenario Elías Figueroa, Valparaíso, Chile**
**Santiago Wanderers – Audax Italiano 3:4**

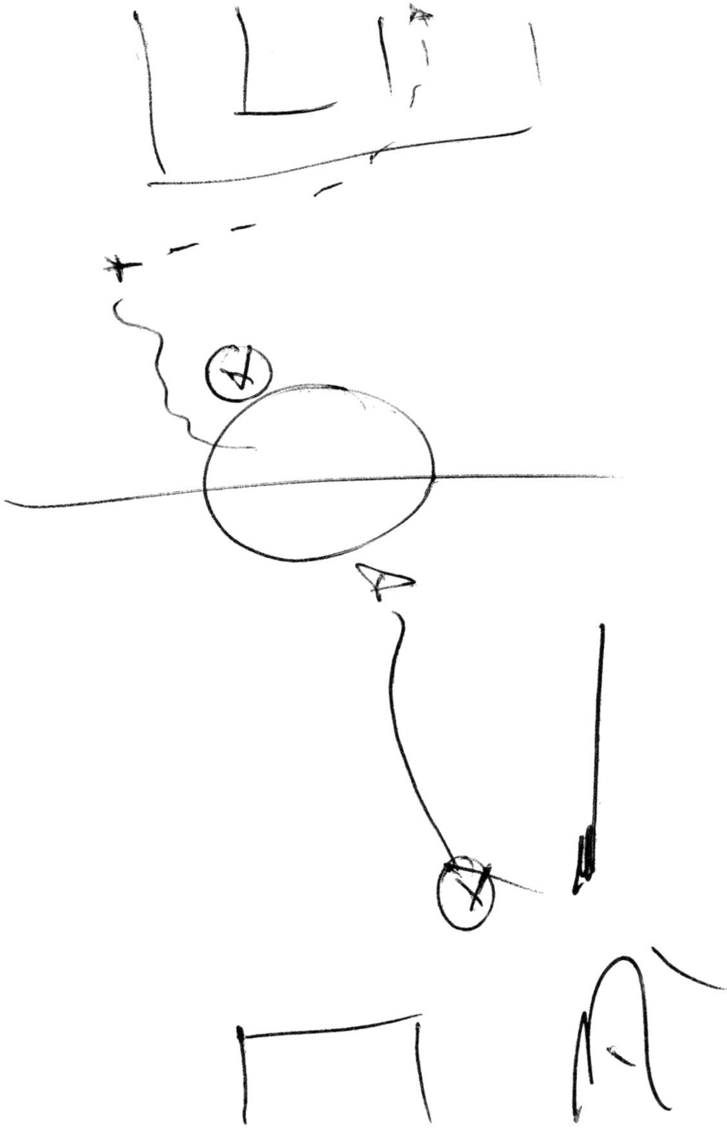

# CASAGRANDE

„In der Qualifikationsrunde für die WM 1986 waren wir mit der brasilianischen Nationalmannschaft in einer Dreiergruppe mit Bolivien und Paraguay. Paraguay hatte damals ein richtig gutes Team, und unser Sieg in Asunción war enorm wichtig, um die WM-Qualifikation in Reichweite zu halten. Damals galt noch die Zweipunkte-Regel. Renato Portaluppi flankte von rechts, und ich drückte den Ball per Kopf in den linken oberen Winkel.“

---

**Qualifikation zur WM 1986**
**Südamerika-Gruppe 3, 16. 6. 1985**
**Estadio Defensores del Chaco, Asunción, Paraguay**
**Paraguay – Brasilien 0:2**

RENATO

# CÉSAR LUIS MENOTTI

» Tore erlangen ihren Wert aus der Situation, in der sie entstehen, und aus ihrer späteren Bedeutung. Das Tor, an das sich die Menschen erinnern, ist eines, das ich 1963 im Stadion von Rosario Central gegen River Plate geschossen habe. Und wenn all jene, die danach behauptet haben, es gesehen zu haben, es auch tatsächlich gesehen haben, müssen zwei Millionen Menschen im Stadion gewesen sein.
Ich hatte gerade erst angefangen, als Profi zu spielen. Und auf der anderen Seite stand der legendäre Amadeo Carrizo bei River im Tor, Ramos Delgado spielte in der Abwehr. Und Carrizo war der beste Torwart, den ich in meinem Leben gesehen habe. Ein Phänomen. Er war ein Revolutionär, der sehr gut mit dem Ball am Fuß war, den Ball mit der Brust annahm und den Strafraum verließ, um Spielzüge einzuleiten ... Wirklich: ein Phänomen!
Néstor Manfredi hatte den Ball, ich bin ihm entgegengegangen, um ihm den Doppelpass anzubieten, und habe diesen auch angetäuscht. Ramos Delgado war ein intuitiver Abwehrspieler, er machte einen Schritt nach rechts, ich drehte mich und trat den Ball mit links in den Winkel, aus 25 Metern.

---

**Primera División Argentinien 1962/63**
**16. Spieltag, 1.9.1963**
**Estadio Gigante de Arroyito, Rosario**
**Rosario Central – River Plate 1:0**

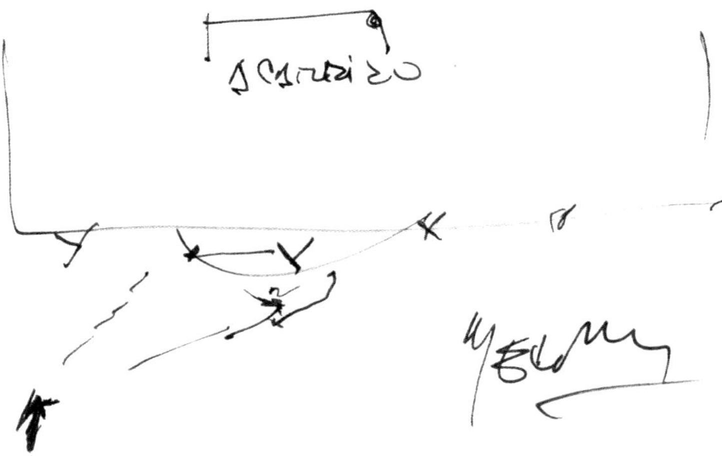

Carizzo hat mich noch Jahre später, wenn wir uns als Rentner am Strand von Mar del Plata trafen, darauf angesprochen, weil er sich wahnsinnige Vorwürfe machte. Wir waren gute Freunde geworden. Er erklärte mir immer, dass ich nur treffen konnte, weil er in der Situation zu sehr darauf gesetzt hatte, den Winkel zu verkürzen. ‚Basta, Amadeo! Das war nicht deine Schuld. Ich habe den Ball einfach wahnsinnig gut getroffen', sagte ich immer.
Das Witzigste an dem Tor war, dass in dem Hotel, in dem ein Mannschaftskamerad von mir untergebracht war, Miguel Antonio Juárez, auch ein Herr wohnte, der uns immer herausforderte, und mit uns um Geld spielen wollte, das wir nicht hatten. Dieser Mann war Fan von River Plate. Ich hatte damals schon meine spätere Frau kennengelernt, und der Mann, der später mein Schwiegervater werden sollte, war ein fanatischer Fußballfan, dem ich von dem Herrn aus dem Hotel erzählte. Mein Schwiegervater in spe fragte mich, wie viel Geld dieser Unbekannte wohl setzen wollte. ‚Eine Million Pesos', sagte ich – für uns ein Vermögen, für meinen späteren Schwiegervater nicht. Er hat sie gesetzt. Und gewonnen. Das Tor hatte also einen dreifachen Wert: als Tor, als Siegtor und weil wir damit ein Vermögen gewonnen haben, das mein Schwiegervater und ich miteinander geteilt haben, obwohl ich das Geld nicht annehmen wollte. ‚Ich habe doch nichts damit zu tun!', sagte ich. ‚Wie, nichts? Du hast das Tor doch geschossen!', sagte er."

# ERIK MEIJER

„Wir haben damals mit Bayer Leverkusen verdammt geilen Fußball gespielt. Und die Chemie zwischen Paulo [Sergio] und mir war sehr gut. Ich war neu dazugestoßen, und wir hatten einen ähnlichen Humor. Er ist ein positiver Mensch, und das bin ich auch. Er hat oft von mir profitiert und ich von ihm. So wie bei diesem Tor, als er mich von der rechten Seite bedient hat. Der Ball lag fast in meinem Rücken, so dass ich gar keine andere Chance hatte, als die Hacke zu nehmen. Ich weiß noch, wie damals die Menschen anfingen, es mit dem Tor von Madjer zu vergleichen. In jedem Fall war es ein Traumtor."

**Bundesliga 1996/97**
**25. Spieltag, 29.3.1997**
**Ulrich-Haberland-Stadion, Leverkusen, Deutschland**
**Bayer Leverkusen – Schalke 04 2:0**

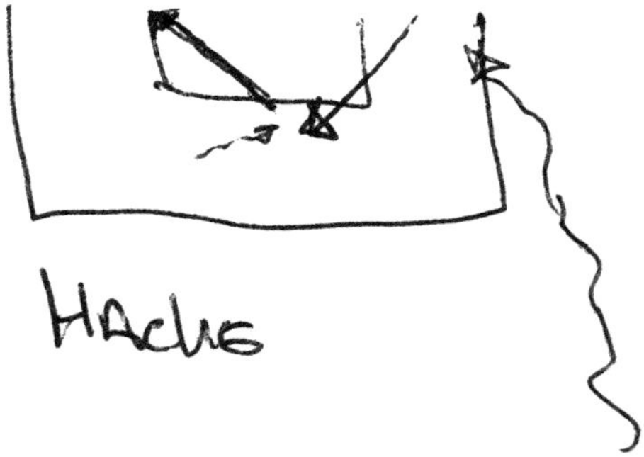

- Mit Hacke

- Lev-Schalke
95/96 oder 96/97

Tor gegen Lehmann

Paulo
Sergio

Erik

# DIETMAR HAMANN

» Man kann ohne Übertreibung sagen: Es war ein Tor für die Geschichtsbücher. Denn es war das letzte Tor im alten Wembley-Stadion. Es hatte deshalb für die Engländer wahrscheinlich eine noch größere Bedeutung als für uns. Wembley ist ja die Stätte des englischen Fußballs schlechthin: das Stadion legendärer Spiele, der FA-Cup-Finals, der Ort, an dem sie 1966 Weltmeister geworden waren … Und ich wusste nur zu gut darum, denn ich spielte damals bereits seit ein paar Jahren in England.

Am Tag des Spiels hatte es den ganzen Tag geregnet. Es herrschten also wirklich englische Verhältnisse. Im Spiel haben wir dann in ziemlicher Distanz zum englischen Tor einen Freistoß bekommen, und ich habe dem Scholli [Mehmet Scholl], der ja eigentlich unser Freistoßschütze war, gesagt, dass das wohl etwas weit für ihn wäre – er ist ja um einiges schmächtiger als ich – und dass ich es probieren würde. Und dann habe ich die Engländer überrascht. Damals war gerade eine Regel geändert worden, so dass der Schiedsrichter die Mauer nicht mehr stellen musste. Die Engländer waren sich nicht einig: Der Torwart [David Seaman] hat noch gezeigt, wie viele Leute er in der Mauer will. Ich habe ausgenutzt, dass die da etwas langsam waren. Nur Southgate

---

**Qualifikation zur WM 2002**
**Europa-Gruppe, 7.10.2000**
**Wembley (old), London**
**England – Deutschland 0:1**

WEMBLEY
2001

England 0

Germany 1

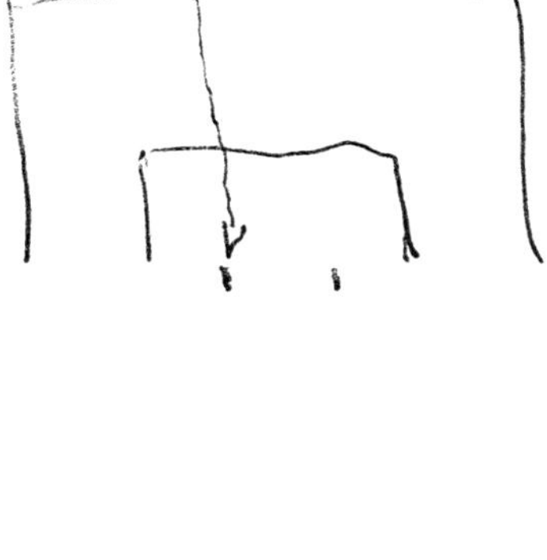

und Scholes standen acht Meter vom Ball entfernt – aber nicht zusammen. Und da habe ich durch die beiden durchgeschossen. Der Ball setzte auf, und der Torwart sah nicht gut aus. Aber ich war froh, als der Ball drin war. Wir haben 1:0 gewonnen, und das war schon wichtig, weil wir den deutschen Fans wieder ein Stück Hoffnung gegeben haben. Denn in den zwei vorangegangenen Jahren hatten wir keinen großen Gegner geschlagen."

# HAMIT ALTINTOP

„Ich habe 2010 den ‚Puskás' gewonnen – den Preis für das weltweit schönste Tor des Jahres, den die Fifa erst ein Jahr vorher eingeführt hatte. Sie erinnern sich bestimmt: Es war ein unglaubliches Tor. Die Ecke kam von Emre Belözoğlu, und ich habe den Ball am Strafraum volley genommen. Er flog in den Knick rein. Wo die Trophäe steht? Bei Mama, in Gelsenkirchen."

---

**Qualifikation zur EM 2012**
**Gruppe A, 3.9.2010**
**Astana Arena, Astana, Kasachstan**
**Kasachstan – Türkei 0:3**

# JAVIER SAVIOLA

„Bei manchen Toren kriegst du gar nicht mit, dass sie schön waren. Weil du das Gefühl hast, mit tausend Stundenkilometern unterwegs zu sein. Bei anderen weißt du es sofort. Zum Beispiel bei einem Tor, das ich mit Benfica erzielt habe. Gegen Académica. Ich habe den Ball über den Torwart gelupft, der herausgekommen war. Das war ein Tor, das vor allem deshalb so schön war, weil wir vorher als Mannschaft eine Unzahl an Ballkontakten hatten. Es hat mich an das Tor erinnert, das wir 2006 bei der WM mit der argentinischen Nationalelf erzielt haben, gegen Serbien. Da waren 56 Pässe vorangegangen. Aber da habe nicht ich getroffen, sondern Esteban Cambiasso."

---

**Primeira Liga 2009/2010**
**12. Spieltag, 6.12.2009**
**Estádio da Luz, Lissabon, Portugal**
**SL Benfica – Académica Coimbra 4:0**

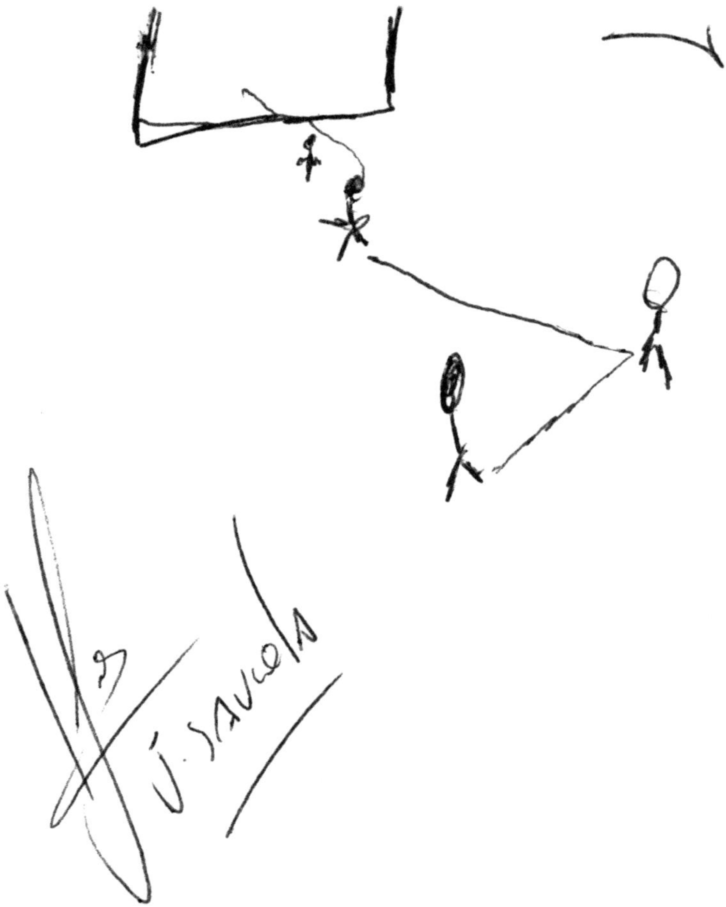

# RADOMIR ANTIĆ

„Ich habe viele entscheidende Tore geschossen. Ich habe mal eins geschossen, das Fenerbahce [1978] die Meisterschaft sicherte; ich habe bei meinem Debüt gegen Roter Stern Belgrad getroffen, auch bei meinem Debüt für Real Zaragoza gegen Celta de Vigo in der spanischen Liga … Aber das Tor, das die größte Wirkung entfaltete, war mein Treffer für Luton gegen Manchester City. Es war ein Spiel mit Finalcharakter: Wir mussten gewinnen, um in der Liga zu bleiben. Und City reichte für den Klassenerhalt ein Punkt. Ich kam von der Bank, und in der 86. Minute schoss ich das einzige Tor des Spiels. Brian Stein flankte von rechts, der Torwart faustete den Ball raus, und ich habe ihn direkt genommen. Durch das 1:0 stieg City ab, zum ersten Mal nach 17 Jahren. Alle Engländer erinnern sich daran, was nach dem Schlusspfiff passierte: Unser Trainer David Pleat rannte wie ein Pferd im Anzug übers Feld, und der Rasen wurde von den Fans gestürmt …“

---

**First Division England 1982/83**
**42. Spieltag, 14.5.1983**
**Stadion an der Maine Road, Manchester, England**
**Manchester City – Luton Town 0:1**

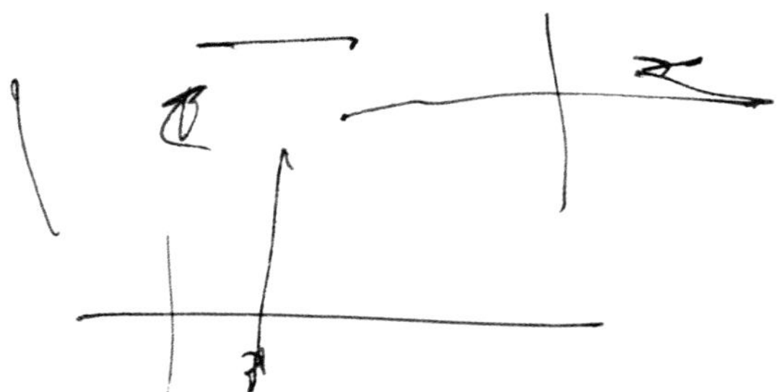

MAN. CITY – LUTON

# MARIO GÖTZE

» Wie oft kommst du in so eine Situation? Dass du dich fürs WM-Finale qualifizierst, es spielen darfst – und triffst? Ich habe es einmal geschafft, 2014 in Rio, und wenn ich im Rückblick an all das denke, sage ich: Nehm ich.
Ich bin damals in der 89. Minute eingewechselt worden. Dass Joachim Löw mir da an der Seitenlinie ins Ohr flüsterte: ‚Zeig der Welt, dass du besser bist als Messi!', das habe ich in dem Moment gar nicht richtig registriert. Wenn du am Spielfeldrand kurz vor der Einwechslung stehst, nimmst du grundsätzlich wenig wahr. Da bist du im Tunnel und gehst auf den Platz. Und dort ist Vieles nur noch Instinkt. Wie beim Tor.
Es fiel in der 113. Minute. Und es ging alles sehr schnell: Toni [Kroos] hat den Ball die Linie entlang zu Schürrle gespielt – und ich bin von einer Außenposition reingelaufen, ohne genau zu wissen, ob er reinflankt oder nicht. Schürrle hat es dann getan: mit links, als ich in die Box hineingelaufen war. Der Ball kam perfekt: Ich habe ihn mit der Brust angenommen und dann mit links reingeschossen. Im ersten Moment freust du dich wie verrückt. Aber es ist witzig, wie du auch sofort denkst: Moment! Das Spiel

---

**WM 2014**
**Finale, 13.7.2014**
**Estádio Jornalista Mário Filho, genannt „Maracanã", Rio de Janeiro, Brasilien**
**Deutschland – Argentinien 1:0 (n. V.)**

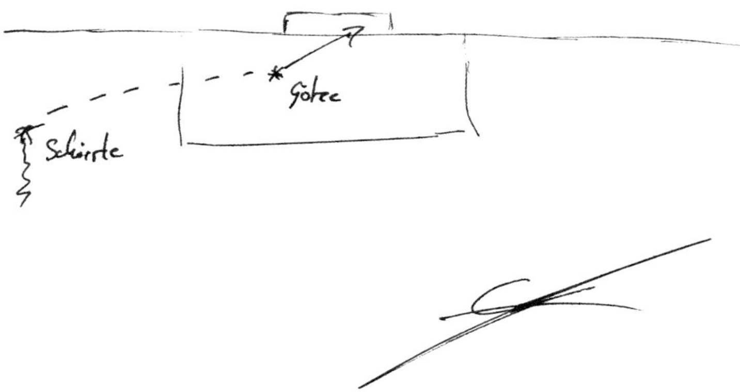
Götze
Schürrle

ist noch nicht vorbei. Es sind noch zehn Minuten zu spielen! Kurz vor Schluss war noch ein Freistoß für Argentinien, ich stand in der Mauer und dachte: Bitte, bitte, bloß nicht jetzt noch ein Tor. Erst als der Schlusspfiff fiel, hatte ich ein Gefühl der Erlösung. Das Tor an sich war nur ein Schritt dorthin.“

# NACHWORT

Tore sind manchmal Zufallsprodukte, und dieses Buch ist es in gewisser Hinsicht auch. Es war nie geplant, sondern – um im Jargon der Welt der Strafräume zu bleiben – ein Abstauber.
Ich war im Oktober 2005 nach Santiago de Chile gereist, um für eine Buchreihe der *Süddeutschen Zeitung* zur Geschichte der Fußball-Weltmeisterschaften zu recherchieren, die Ludger Schulze, der Ressortleiter der Sportredaktion und mein Redaktionskollege Josef Kelnberger konzipiert hatten und zur WM 2006 herausbringen wollten. Ich sollte nach Chile reisen, weil es kaum eine WM gab, die aus europäischer Perspektive so undokumentiert war wie die WM 1962. Die WM, die im „langen Land" stattgefunden hatte, in meinem Geburtsland.
Eines meiner Interviews führte mich in ein Lokal namens Munich, das es heute noch gibt und das als ein Ort gilt, in dem man Fußball atmet. Ich hatte mich dort mit Leonel Sánchez verabredet, der einer der chilenischen Helden der WM 1962 gewesen war.

Im Munich hatte er einen eigenen Krug, aus dem er seine „Shops“ trank, wie das Fassbier in Chiles Kneipen heißt.
Leonel war Stürmer des „Blauen Balletts“ der Universidad de Chile gewesen, und er blieb international vor allem deshalb in Erinnerung, weil er in der „Schlacht von Santiago“ zwischen Chile und Italien – dem vielleicht gewalttätigsten Spiel der WM-Geschichte – den italienischen Verteidiger Mario David mit einem Faustschlag ausgeknockt hatte.
Über den Hieb entbrannte am Tisch eine Debatte. Er habe David eine Rechte verpasst, behauptete Sánchez. „Quatsch. Es war die Linke“, erklärte Luis Urrutia O'Nell, der chilenische Kollege, der das Treffen organisiert hatte. Luis, den alle schon zu Studentenzeiten „Chomsky“ genannt hatten, weil er schlohweiße Haare hatte und einen gleichfalls weißen Philosophenbart trug, brachte ein unschlagbares Argument vor: „Mit rechts warst du unfähig, auch nur irgendetwas anzustellen – weder mit der Hand noch mit dem Fuß.“ Die Schwarz-Weiß-Bilder jener Partie zeigen: Chomsky lag richtig.
In Chile erinnert man sich an Sánchez nicht nur wegen des Fausthiebs, sondern wegen einer Heldentat: seines Tors in Arica gegen die UdSSR.
Gegen die UdSSR, das hieß damals: gegen Lew Jaschin, den legendären sowjetischen Torwart, der die „Schwarze Spinne“ genannt wurde und bis heute der einzige Keeper geblieben ist, der jemals den Ballon d'Or bekommen hat, die Trophäe für den besten Spieler Europas und damit der Welt. Womit wir bei diesem Buch wären.
Der Abend war fortgeschritten und diverse „Shops“ waren getrunken, als Sánchez von diesem Tor erzählte. Er erklärte und erklärte in immer neuen Worten, wie er es geschossen hatte. Aber ich schaffte es nicht, mir ein Bild von dem Treffer zu machen. Und so bat ich Leonel, mir das Tor in meinem Notizbuch so auf-

zuzeichnen, wie er es in Erinnerung hatte. Er zeichnete es. Und als der Abend vorüber war, hielt ich nicht nur den Embryo dieser Sammlung in den Händen. Ich war, ohne es zu wissen, zum Torjäger geworden.

Wobei ich Tore nur selten explizit gejagt habe. Es begab sich vielmehr, dass ich in den nahezu 20 Jahren, die seit jenem Abend im Munich vergangen sind, eine Reihe von Fußballern getroffen habe, die im Laufe ihrer Karrieren wichtige, schöne, spektakuläre, in jedem Fall: erinnerungswürdige Tore erzielt hatten. Und gern davon erzählten und sie freigiebig in das Notizbuch malten, das ich schon bald auf jeder Reise dabeihatte. Ein kleines, schwarzes Moleskine-Notizbuch, in das immer neue Erinnerungen von Ikonen des Fußballs flossen und das sich zu füllen begann.

Zum Jäger wurde ich im Grunde erst, als die Sammlung schon einen beachtlichen Umfang angenommen hatte. Da lauerte ich einigen Spielern nachgerade auf. Gerd Müller zum Beispiel, der am Rande eines Champions-League-Spiels in der Lobby des Hotel Palace in Madrid an mir vorbeilief. Müller war damals Teil der Delegation des FC Bayern. Dass sein WM-Finaltor von 1974 sein wichtigstes Tor gewesen war, das sagte er, wie er Tore schoss: kurz, trocken, ohne Umschweife. Dann spielte sich ein kleines Drama ab: Der Kugelschreiber, den ich Müller gereicht hatte, versagte, kaum dass er die Mittellinie aufgemalt hatte. Ich fand einen zweiten Kugelschreiber, und er setzte ein zweites Mal zur Zeichnung an – so wie er 1974 ein zweites Mal zum Schuss ansetzen musste, weil ihm der Ball nach der Hereingabe von Rainer Bonhof im Strafraum versprungen war. Müller, so lernte ich, ließ niemals Tore liegen. Er insistierte, bis der Ball im Tor lag.

Mir half diese Lektion im Fall von Günter Netzer. Ich hatte ihn bei der WM 2010 in Südafrika getroffen, zusammen mit Diego Torres von der spanischen Tageszeitung *El País*. Ich hatte das Gespräch vermittelt und ließ mein Band mitlaufen, während Diego

Netzer interviewte. Als Diego fertig war, fragte ich Netzer nach seinem Tor.
Netzer murrte.
Aber: Er malte.
Welches Tor Netzer aufgemalt hatte, das hatte sich mir ins Gedächtnis gebrannt: das Tor aus dem DFB-Pokalfinale von 1973 gegen den 1. FC Köln. Als ich jetzt, gut dreizehn Jahre später, Netzers Torschilderung für dieses Buch niederschreiben wollte, konnten weder Diego noch ich die Bänder mit dem Gespräch finden.
Ich wandte mich an Winnie Schäfer, von dem ich wusste, dass er häufig mit seinem früheren Mannschaftskameraden Netzer telefonierte, und erklärte ihm das Problem.
„Ich weiß, wat der Jünter sagen wird: dass er nie jemalt hat", sagte Schäfer lachend. Doch er versprach, mir zu helfen.
Er tat es auch. Winnie Schäfer rief Netzer an und mich danach zurück und schilderte mir, dass es genauso gekommen war, wie er es vermutet hatte.
„Der Jünter", berichtete Schäfer, habe gesagt, dass er in seinem Leben „nie etwas jezeichnet" habe. Schon gar kein Tor.
Vorsichtshalber hatte ich Schäfer vorab aber mit einer Fotografie von Netzers Werk versorgt – mit der Bitte, es diesem zukommen zu lassen. Als Netzer das Bild sah, das Winnie ihm aufs Handy geschickt hatte, willigte er ein, mit mir zu reden. Ich rief ihn umgehend an.
Der Gruß geriet flüchtig.
„Also, ich habe in meinem Leben nicht viel gewusst!", rief Netzer sogleich ins Telefon, in einem Ton, der einschüchternd klang, „aber ich habe immer gewusst, was ich kann, und ich habe immer gewusst, was ich nicht kann. Und wenn ich etwas immer gewusst habe, dann dies: dass ich nicht zeichnen kann", sagte er und legte eine Kunstpause ein – bis klar war, dass der empörte Unterton bloß gespielt war. „Ich kann nur meinen Hut vor Ihnen ziehen!",

rief Netzer. Dann erzählte er mir die Geschichte seines Tores gegen Köln in allen Details.

Bei Franz Beckenbauer war es auf andere Weise schwierig gewesen. Er hatte mir 2010 bei der WM in Südafrika „sein" Tor geschildert, aber am Ende „bloß" ein Autogramm ins Büchlein geschrieben, mit einer entwaffnenden Entgegnung, als er meine Bitte nach einer Skizze ablehnte: „Mal's selbst."

Jahre später begegneten wir uns wieder, diesmal in größerer Ruhe, im Fernsehstudio von Sky oder genauer: Backstage. Und es half mir ein Foto, das meinen Vater mit Beckenbauer bei der Weltmeisterschaft 1982 im spanischen Gijón zeigte, im Estadio El Molinón. Mein Vater, Gonzalo Cáceres, war damals als Reporter für die damals noch junge Zeitung *Sport* aus Barcelona dabei, der „Kaiser" als Kolumnist der Zeitung *Bild*. „An diesen Herrn kann ich mich noch gut erinnern", sagte Beckenbauer lächelnd und hatte seine Hemmungen überwunden. Beckenbauer zeichnete. „Tor!", schrie ich innerlich.

Mich hat, im Falle Beckenbauer und bei anderen, immer wieder neu fasziniert, welche Assoziationen ein Tor bei seinen Protagonisten wecken kann. Aber auch, wie genau Erinnerungen sein können.

„Goles son amores", lautet ein geflügeltes Wort im Spanischen, was im Deutschen in etwa bedeutet, dass Tore wie Liebschaften sind. Und es sind Liebschaften. Es gibt Fußballer, die besonders viele oder besonders wenige hatten, besonders schöne und hässliche, besonders wilde, störrische, stille, überraschende, überwältigende Tore. Und besonders wichtige Tore.

Mir ist kaum jemand begegnet, der Tore vergessen hätte. Umgekehrt ergab es sich eigentlich immer, dass es „ein" Tor gab – oder „das" Tor –, an das sich Gesprächspartner besonders erinnerten. Weil es eine Karriere definiert hatte oder einen Moment nicht zu perfektionierender Herrlichkeit. „Der Weg zu einem Tor ist eine

Form der Erkenntnis; eine Art, uns selbst und die anderen anzuschauen“, schrieb einst der argentinische Schriftsteller Osvaldo Soriano. Und das erklärt, wie vielfältig die Wege zu einem Tor doch sein können.

„Jedes Tor hat eine Geschichte“, sagte mir einmal der frühere argentinische Weltmeister Jorge Valdano und brachte damit auf den Punkt, was ich im Laufe der Jahre zwar gelernt zu haben glaubte, aber nie in vergleichbarer Prägnanz hätte formulieren können. Dieses Buch kreist genau um dies: um Tore und ihre Geschichten, um seltene Augenblicke makellosen Glücks. Das Leben stürzt uns in viele Taten und Erlebnisse, die Reue und Schuldgefühle hervorrufen können. Es müssen nicht einmal Untaten sein. Sogar zu viel lieben können wir.

Aber es wird sich wohl nie jemand finden lassen, der es bereuen könnte, ein Tor geschossen zu haben.

Javier Cáceres
Frühjahr 2024

# DANKSAGUNG

Dieses Buch konnte nur entstehen, weil mir eine Reihe von Menschen Laufwege aufgezeigt, Bälle zugespielt, Chancen vorbereitet, mich in entscheidenden Momenten gestützt haben. Bei Heim- und Auswärtsspielen, bei Welt-, Europa- und Südamerika-Meisterschaften. Manche haben zur richtigen Zeit ein motivierendes Wort gesprochen, andere haben mir Vertrauen gegeben, mich über lange Zeit begleitet, mir den Rücken freigehalten. Von allen habe ich viel gelernt. Nicht alle werden wissen, wie viel.
Aber ich.
Markus Aretz; Björn Bezemer; Christoph Biermann; Daniel Borasteros; Bettina E. Borck; Jochen Bouhs; Adriana Cáceres; Gonzalo Cáceres; Claudio Catuogno; Enrico Currò; Daniel Delonga; Ezequiel Fernández Moores; Cecilia Fleta; Nico Fried; Max Geis; Michael Gernandt; Holger Gertz; Thomas Halupczok; Christian Hammeke; Ian Hawkey; Klaus Hoeltzenbein; Andreas Hunzinger; Paul Ingendaay; Juan Irigoyen; Asif Kapadia; Christopher Keil; Svenja Kersken; Juca Kfouri; Moritz Kielbassa; Gerald Kleffmann; Wolfgang Krach; Jörg Kramer; Sid Lowe; Lu Martín; Benedetta Mascalchi; Kely Nascimento; Eliana Navarro; Heidrun Otto; Fernando Palomo; Juan Patsy; Milan Pavlovic; Edu Polo; Cornelia Primosch; Kai Psotta; Hans-Peter Renner; Filippo Maria Ricci; Jorge Luiz Rodrigues; Winfried Schäfer; Birgit Schmitz; Ludger Schulze; Charlotte Schwärmer; Philipp Selldorf; Fernando Signorini; Diego Torres; Stephan Uersfeld; Luis Urrutia O'Nell; Jorge Valdano; Mario Volpe; Alejandro Wall; Ruth Warnke; Jens Weinreich; Andreas Werner; Ralf Wiegand, Oliver Wurm; Christian Zaschke.

# KURZBIOGRAPHIEN

Aílton Gonçalves da Silva, genannt **„Aílton"** oder „Kugelblitz". Überzog chronisch seine Urlaube in Brasilien. Wurde aber mit Werder Bremen Meister (2004) und Pokalsieger (2005) – und erster Nichtdeutscher, der zu Deutschlands Fußballer des Jahres gewählt wurde (2004). Motto: „Totale Konzentration auf Fußball. Ohne Sex, ohne Bumbum. Orgasmus gibt es nur, wenn ich ein Tor schieße."

Xabier „Xabi" **Alonso**. Wurde 2010 mit Spanien Weltmeister. Begann seine Karriere bei Real Sociedad San Sebastián, wechselte über den FC Liverpool und Real Madrid zum FC Bayern. Holte mit Liverpool (2005) und Madrid (2014) die Champions League. Lernte unter anderem bei Rafa Benítez, Carlo Ancelotti, José Mourinho und Pep Guardiola – und wurde selbst zu einem der aufregendsten Trainer Europas.

José **Altafini**. Stürmer. Wurde mit seinem Geburtsland Brasilien 1958 Weltmeister – unter dem Künstlernamen „Mazzola", den er erhielt, weil er der italienischen Legende ähnelte. Wechselte nach der WM nach Italien (AC Milan, SSC Napoli, Juventus). Nahm an der WM 1962 in Chile als Italiener teil. Wurde mit Milan (1959, 1962) und Juventus (1973, 1975) insgesamt vier Mal italienischer Meister.

Hamit **Altintop**. Wurde in Gelsenkirchen geboren und spielte für Schalke 04 – aber auch für Wattenscheid 09, den FC Bayern, Real Madrid, Galatasaray Istanbul und Darmstadt 98. Zwillingsbruder von Halil Altintop. Gewann mit dem FC Bayern zwei deutsche, mit Galatasaray einen türkischen Meistertitel – und 2010 den Puskás-Preis für das weltweit schönste Tor des Jahres.

Radomir **Antić**. Abwehrspieler. Als Spieler jugoslawischer Meister mit Partizan Belgrad (1976) und türkischer Meister mit Fenerbahce Istanbul (1978). Holte als Trainer mit Partizan ebenfalls den Meistertitel (1986 und 1987) – und mit Atlético Madrid das Double aus Meisterschaft und Pokal (1996). Brachte als serbischer Nationaltrainer die deutsche Mannschaft bei der WM 2010 in die Bredouille – durch einen Sieg im zweiten Gruppenspiel.

Roberto Fabián **Ayala**, auch bekannt als „Ratón Ayala", die Maus Ayala. Nahm als argentinischer Nationalspieler an drei Weltmeisterschaften teil (1998, 2002, 2006). Teil des Trainerstabs der argentinischen Nationalelf, die 2022 den Titel bei der WM in Katar holte.

Markus **Babbel**. Deutscher Verteidiger und Europameister 1996. Wurde drei Mal mit dem FC Bayern deutscher Meister (1997, 1999, 2000) und gewann mit dem FC Liverpool einen FA Cup (2001). Holte mit Bayern und Liverpool auch jeweils einen UEFA-Cup (1996/2001). 51 Länderspiele.

Michael **Ballack**. Opferte sich bei der WM 2002 für die deutsche Nationalmannschaft auf, indem er im Halbfinale bei einem taktischen Foul eine gelbe Karte riskierte – und sah. War dann im Endspiel gesperrt. Wurde mit dem 1. FC Kaiserslautern (1998) und dem FC Bayern deutscher Meister (2005, 2006), holte eine Premier League mit dem FC Chelsea (2010). 98 Länderspiele.

Júlio César **Baptista**, genannt „Júlio Baptista" oder auch „La Bestia". War unter anderem Meister mit dem FC São Paulo, Real Madrid und Cruzeiro Belo Horizonte, WM-Teilnehmer 2010 und zweimaliger Sieger der Copa América mit Brasiliens Nationalteam.

José Roberto Gama de Oliveira, genannt **„Bebeto"**. Bildete bei der Weltmeisterschaft 1994 in den USA mit Romário das kongeniale brasilianische Sturmduo – und holte den Weltmeistertitel. Wurde dort nicht nur deshalb berühmt – sondern weil er nach dem Tor gegen die Niederlande im Halbfinale ein imaginäres Baby in den Armen schaukelte. Mazinho und Romário taten es ihm nach. Bebeto war kurz zuvor Vater geworden.

Franz **Beckenbauer**, „Kaiser" und „Lichtgestalt" aus München-Giesing. 103 Länderspiele. Wurde 1972 Europameister und 1974 als Spieler, 1990 als Trainer Weltmeister. Viermaliger deutscher Meister und Pokalsieger, dreimaliger Sieger des Europapokals der Landesmeister, zwei Mal Europas Fußballer des Jahres.

Giuseppe **Bergomi**. Ein sogenannter „One-Club-Man". Spielte ausschließlich bei Inter Mailand (und der italienischen Nationalmannschaft). War jahrelang der Spieler mit den meisten Spielen für Inter (756). Wurde 2011 von Javier Zanetti abgelöst, der bis zum Ende seiner Karriere auf 834 Spiele kam. „Beppe" Bergomi war das jüngste Mitglied der italienischen Weltmeistermannschaft von 1982.

Oliver **Bierhoff**. Als Nationalmannschafts-Stürmer Europameister (1996), als Nationalmannschafts-Manager Weltmeister (2014). Schütze des ersten „Golden Goals", das eine internationale Meisterschaft entschied. Deutschlands Fußballer des Jahres 1998. Spielte vor allem in der italienischen Serie A, bei Ascoli, Udinese, Milan und Chievo Verona.

Rainer **Bonhof**. Als Weltmeister von 1974 sowie Europameister 1972 und 1980 einer der höchstdekorierten deutschen Nationalspieler. Spielte bei Borussia Mönchengladbach (1970-1978), FC Valencia (1978-1980), 1. FC Köln

(1980-83) und am Ende auch bei Hertha BSC. Gewann mit Gladbach einen UEFA-Pokal (1975) und mit Valencia einen Europacup der Pokalsieger (1980).

Claudio **Borghi**, genannt „el Bichi“. Argentinischer Weltmeister von 1986. Begnadeter Regisseur und Techniker. Kam bei der WM nur deshalb sporadisch zum Zuge, weil ein gewisser Diego Armando Maradona die Planstelle im offensiven Mittelfeld besetzte. Gewann mit Argentinos Juniors die Copa Libertadores 1985. Spielte auch in Italien (Como, AC Milan), der Schweiz (Neuchâtel Xamax), Brasilien (Flamengo), Mexiko (Correcaminos de la UAT) und Chile (Colo Colo, O'Higgins, Audax Italiano, Santiago Wanderers).

Paul **Breitner**. Schütze eines Tores im WM-Finale 1974, das er mit Deutschland gegen die Niederlande in München gewann. Traf auch im WM-Finale 1982, das Deutschland gegen Italien verlor. Ist damit zusammen mit Pelé, Vavá, Zidane und Mbappé einer von fünf Spielern, die in zwei WM-Endspielen trafen. Spielte beim FC Bayern (fünf Mal deutscher Meister), Real Madrid (zwei Mal Meister) und Eintracht Braunschweig (Jägermeister). 1972 Europameister.

José Luis „Tata“ **Brown**. Mit Argentinien Weltmeister in Mexiko 1986. Biss im Finale von Mexiko gegen Deutschland ins Trikot, um ein Loch hineinzureißen und den Daumen hineinhängen zu können. Er hatte sich zuvor die Schulter ausgekugelt. Wurde von seinem Trainer Carlos Bilardo immer „Bron“ genannt. Spielte bei Estudiantes de La Plata, Boca Juniors und Huracán (Argentinien), Stade Brest, Olympique Lyon und Racing Straßburg (Frankreich). Wurde mit Estudiantes 1985 argentinischer Meister.

Claudemir Jerônimo Barreto, genannt **„Cacau“**. In Brasilien geboren, als eingebürgerter Deutscher National- und WM-Spieler geworden. Erhielt von der Mutter den Rat, sich bei Kälte Pfeffer auf die Füße zu streuen. So hatte es der Vater gehalten, als er in Brasilien im Werk São Bernardo bei Kälte für VW schuften musste. Cacau wurde 2007 Meister mit dem VfB Stuttgart. Spielte auch bei 1. FC Nürnberg und Cerezo Osaka in Japan.

José Antonio **Camacho**, in den 1970er und 1980er Jahren beinharter und aufopferungsvoller Linksverteidiger von Real Madrid. Spielte zwischen 1974 und 1989 577 Pflichtspiele für Real. Trainer der spanischen WM-Mannschaft von 2002, später Experte des Fernsehsenders TVE.

Antônio de Oliveira, genannt „**Careca**“. Held der SSC Napoli, mit der er an der Seite von Diego Armando Maradona einen UEFA-Cup und eine italienische Meisterschaft holte. Stand bei den Weltmeisterschaften 1986 und 1990 im Sturm der brasilianischen Nationalelf. Machte 60 Länderspiele und wurde auch in Brasilien zwei Mal Meister, 1978 mit dem FC Guarani und 1986 mit dem FC São Paulo.

Jorge **Carrascosa**, genannt „El Lobo Carrascosa". Argentinischer Nationalspieler. Debütierte 1967 bei Banfield, ging 1969 zu Rosario Central und wurde Meister, folgte dann aber dem Ruf von Huracán und wurde dort 1973 unter Trainer César Luis Menotti als Kapitän ebenfalls Meister. Hätte 1978 unter Menotti Weltmeisterkapitän werden können. Trat jedoch 1977 aus persönlichen Gründen aus der Nationalmannschaft zurück.

Walter **Casagrande**. Brasilianischer WM-Stürmer 1986. Neben Sócrates eine der treibenden Kräfte der „Democracia Corinthiana", einer Bewegung, die zu Zeiten der brasilianischen Militärdiktatur für die Demokratisierung der Gesellschaft und des Fußballs eintrat. 1987 Sieger des Europapokals der Landesmeister mit dem FC Porto. Verpasste allerdings das Finale gegen den FC Bayern wegen einer Verletzung.

Edinson **Cavani**. Stürmer. Debütierte bei Danubio, wechselte nach Palermo in die italienische Serie A, spielte dann bei der SSC Napoli, Paris Saint-Germain, Manchester United, FC Valencia und Boca Juniors. Wurde mit PSG sechs Mal französischer Meister. Gewann mit Uruguay die Copa América 2011, nahm an vier Weltmeisterschaften teil.

Robert „Bobby" **Charlton**. Gilt als der beste englische Fußballer des 20. Jahrhunderts. Weltmeister 1966. Überlebender des Munich Air Disasters von 1958 – und Kapitän der Mannschaft von Manchester United, die 1968 den Europapokal der Landesmeister gewann. Urheber des Begriffs „Theater der Träume", das zum Synonym für das Stadion von Old Trafford wurde.

Ronald **de Boer**, leicht zu verwechseln mit seinem Zwillingsbruder Frank de Boer. Holte 1995 mit Ajax (und seinem Zwillingsbruder) die Champions League und den Weltpokal. Spielte auch bei Twente Enschede, FC Barcelona, Glasgow Rangers. Wurde sowohl mit Barcelona und den Rangers Meister. Ließ seine Karriere in Katar ausklingen.

Marc **Degryse**, genannt „de Kleine von Ardooie". Belgischer Nationalspieler, WM-Teilnehmer 1990 und 1994. Fünf Mal belgischer Meister (mit dem FC Brügge und dem RSC Anderlecht), ein Mal niederländischer Meister (mit PSV Eindhoven).

Alessandro **Del Piero**. Weltmeister 2006 mit Italien. Einer der besten Mittelfeldspieler, die Italien je hervorgebracht hat. Holte mit Juventus Turin 16 Titel, darunter die Champions League von 1996. Wurde 1998 und 2008 zum Spieler des Jahres in Italien gewählt.

Diego Ribas da Cunha, bekannt als **„Diego"**. Begann seine Karriere beim Pelé-Klub FC Santos, wechselte über den FC Porto zum SV Werder Bremen in die Bundesliga. Wurde Deutschlands Fußballer des Jahres 2007. Zog weiter nach Italien (Juventus Turin), Wolfsburg, Atlético Madrid und Fenerbahce

Istanbul. Beendete 2022 seine Karriere bei CR Flamengo in Rio de Janeiro. Wurde dort in sechs Jahren zwei Mal Libertadores-Sieger (2019, 2022).

Alfredo **Di Stéfano**. Erster globaler Star des Fußballs überhaupt. Wurde bei River Plate in Argentinien ausgebildet – und von Santiago Bernabéu zu Real Madrid geholt. War die Führungsfigur der legendären Madrid-Mannschaft, die von 1956 bis 1960 die ersten fünf Landesmeisterpokale der Geschichte holte – hintereinander. Spielte für die Nationalmannschaft zweier Länder – Argentinien und Spanien –, aber niemals bei einer WM.

Carlos Caetano Bledorn Verri, genannt **„Dunga"**. Kapitän der brasilianischen Weltmeistermannschaft 1994, später Nationaltrainer seines Landes. Spielte in Brasilien, Italien, Japan – und beim VfB Stuttgart in der Bundesliga. Lernte dort in einem schwäbischen Mietshaus die Kehrwoche hassen.

José Edmílson Gomes de Moraes, genannt **„Edmílson"**. Wurde mit Brasilien 2002 Weltmeister. Holte mit Olympique Lyon und dem FC Barcelona nationale Meistertitel – und mit Barcelona auch die Champions League 2006.

**Élber** Giovane de Souza, genannt „Giovane Élber". Meister in der Schweiz (1994 mit Grashopper Club Zürich), in Deutschland (1999, 2000, 2001 und 2003 mit dem FC Bayern) und in Frankreich (2004 mit Olympique Lyon). Zudem Champions-League-Sieger 2001 mit dem FC Bayern und 15-maliger brasilianischer Nationalspieler.

Luis **Fernández**. Europameister mit Frankreich 1984 – und zusammen mit Michel Platini, Jean Tigana und Alain Giresse Teil des berühmten Mittelfeldvierecks der Franzosen. Als Spieler (1986) und Trainer (1994) französischer Meister mit Paris Saint-Germain.

Ciro **Ferrara**. Neapolitaner. Und als Spieler der SSC Napoli zweimaliger italienischer Meister (1987, 1990) und UEFA-Cup-Sieger (1989) – mit Diego Armando Maradona. Wechselte zu Juventus Turin und holte dort zwischen 1994 und 2005 weitere fünf italienische Meistertitel. Spielte 49 Mal in der italienischen Nationalmannschaft – unter anderem bei der WM 1990 in Italien.

Luis **Figo**. Einer der besten Spieler Portugals – und bei Beginn des 20. Jahrhunderts der erste „Galáctico" bei Real Madrid. Hatte zuvor beim FC Barcelona gespielt. Gewann mit Barcelona (1998, 1999) und Real Madrid (2003) drei spanische – und mit Inter Mailand vier italienische Meistertitel (2006, 2007, 2008, 2009). Europas Fußballer des Jahres 2000 – und Champions-League-Gewinner 2002.

Elías **Figueroa**. Chilenischer Libero. Litt als Kind unter Diphterie und Asthma und wurde dann zu Südamerikas Antwort auf Beckenbauer. Spiele in

Chile, Uruguay, Brasilien und in den USA. Nahm an den Weltmeisterschaften 1966, 1974 und 1982 teil. „Elegant wie ein Graf im Smoking, gefährlich wie ein bengalischer Tiger", schrieb der brasilianische Schriftsteller Nelson Rodrigues. „Der perfekte Verteidiger." Wurde mit Peñarol uruguayischer Meister (1967, 1968), mit SC Internacional Porto Alegre brasilianischer Meister (1975, 1976) und mit Palestino chilenischer Meister (1977).

Just **Fontaine**. Französischer Weltklassestürmer. Hatte bei seinem Tod 2023 einen Rekord für die Ewigkeit inne. Er hatte bei der WM 1958 13 Tore erzielt – mehr Treffer als jeder andere bei einem einzigen WM-Turnier. Wurde mit OGC Nizza (1956) und Stade Reims (1958, 1960, 1962) vier Mal französischer Meister. Schoss in 248 Spielen 226 Tore.

Pablo **Forlán**. Nahm für Uruguay an den Weltmeisterschaften 1966, 1970 und 1974 teil. Meister mit Peñarol in Uruguay, in Brasilien mit São Paulo und Cruzeiro. Unter anderem Copa-Libertadores- und Weltpokalsieger mit Peñarol (1966). Vater des Weltklassestürmers Diego Forlán.

Ludovic **Giuly**. Französischer Außenstürmer, der in seiner Heimat vor allem für AS Monaco erfolgreich war. Wurde allerdings auch mit Paris Saint-Germain Meister. Gewann überdies 2006 mit dem FC Barcelona die Champions League – in Paris.

Mario **Götze**. Schütze des WM-Finalsiegtores 2014. Debütierte in der Saison 2010/11 als Profi bei Borussia Dortmund und kehrte dorthin nach drei Spielzeiten beim FC Bayern (2013 bis 2016) zurück. Spielte ab 2018 zwei Jahre lang bei der PSV Eindhoven, ehe er 2022 zu Eintracht Frankfurt wechselte. Machte nach dem WM-Finale von Rio in den Katakomben des Maracanã ein Selfie mit Leo Messi, der auf dem Bild mäßig amüsiert wirkt.

Josep „Pep" **Guardiola**. 1992 Olympiasieger in seiner Heimatstadt Barcelona. Holte ebenfalls 1992 mit dem FC Barcelona in Wembley den ersten Landesmeisterpokal der Klubgeschichte. Wurde mit Barcelona sechs Mal Meister. Revolutionierte als Trainer den Fußball in Spaniens Liga (FC Barcelona), in Deutschland (FC Bayern) und in England (Manchester City). Holte zahlreiche nationale und internationale Titel, unter anderem die Champions Leagues der Jahre 2009, 2011 und 2023.

Dietmar „Didi" **Hamann**. Deutscher Nationalspieler. Holte mit dem FC Bayern unter anderem zwei Meistertitel und einen Pokal und siegte mit dem FC Liverpool im legendären Champions-League-Finale 2005 von Istanbul. Holte mit den „Reds" auch zwei Mal den FA Cup, ehe er bei Manchester City und MK Dons seine Karriere ausklingen ließ. Bei Sky einer der führenden TV-Experten Deutschlands.

William „Jimmy“ **Hartwig**. Fußballer, Trainer, Theaterschauspieler und Sänger („Mama Calypso“). Bettpartner der Landesmeistertrophäe 1983, die der HSV 1983 im Finale von Athen ohne seine Hilfe holen musste – er war gesperrt. Gewann mit dem HSV drei Bundesligatitel (1979, 1982, 1983). Zweimaliger deutscher Nationalspieler.

Kai **Havertz**. Deutscher Nationalspieler und Champions-League-Sieger 2021 mit dem FC Chelsea. Debütierte im Alter von 17 Jahren und 126 Tagen in der Bundesliga – für Bayer 04 Leverkusen. Unterhält die Kai-Havertz-Stiftung, die sich vor allem dem Tierschutz widmet.

Thomas **Hitzlsperger** begann und beendete seine Karriere im englischen Exil, bei Aston Villa und dem FC Everton. Spielte zwischendrin beim FC Chesterfield, VfB Stuttgart, Lazio Rom, West Ham United und dem VfL Wolfsburg. Wurde 2007 Meister mit dem VfB Stuttgart. Spielte 52 Mal für die deutsche Nationalelf und schoss dabei sechs Tore.

Uli **Hoeneß**. Als Spieler einer der schnellsten Stürmer der deutschen Fußballgeschichte. Als Manager des FC Bayern einer der am schnellsten schaltenden Fußballmacher. Gewann in beiden Rollen alles. Unter anderem als Aktiver: drei Meistertitel (1972, 1973, 1974) und drei Europapokale der Landesmeister nacheinander (1974, 1975, 1976). Holte mit der Nationalmannschaft die EM 1972 und die WM 1974.

Sami **Hyppiä**. Zog als finnischer Nationalspieler in den Klub der Hunderter ein. Begann seine Karriere bei Kuusankosken Kumu und Myllykosken Pallo, wechselte über Willem II und den FC Liverpool zu Bayer Leverkusen, wo er 2010 seine aktive Karriere beendete. Wurde später Trainer, unter anderem in Leverkusen.

Marcell **Jansen**. Mönchengladbacher und Borusse – wurde aber mit dem FC Bayern München 2008 deutscher Meister. Nahm an den Weltmeisterschaften 2006 und 2010 teil – und beendete seine Karriere im Alter von nur 29 Jahren aus freien Stücken. Wurde 2019 Präsident des Hamburger SV.

Antônio Augusto Ribeiro Reis Júnior, genannt **„Juninho Pernambucano“**. Mittelfeldspieler und Freistoßspezialist: Erzielte 77 Tore durch direkt verwandelte Standards. Erlebte seine beste Zeit bei Olympique Lyon. Gewann mit Olympique sieben französische Meistertitel hintereinander (2002 bis 2008). Hatte zuvor mit Vasco da Gama zwei brasilianische Meistertitel und 1998 die Copa Libertadores errungen.

Mario Alberto **Kempes**, genannt „Matador“. 1978 Weltmeister mit Argentinien. Spielte in Argentinien, Spanien, Österreich, Chile und Indonesien. Übergab sein Trikot mit der Nummer 10 an einen gewissen Diego Armando Maradona. Wurde mit dem FC Valencia 1979 spanischer Pokalsieger und

1980 Sieger im Europacup der Pokalsieger. 1981 argentinischer Meister mit River Plate.

Patrick **Kluivert**. Schütze des Champions-League-Finalsiegtors von Ajax Amsterdam gegen den AC Milan (1995). Wurde mit Ajax (1995, 1996) und PSV Eindhoven (2007) niederländischer Meister. Gewann mit dem FC Barcelona die spanische Meisterschaft (1999).

Raymond Kopaszewski, genannt „Raymond **Kopa**" oder auch: der „Napoleon des Fußballs". Dreimaliger Landesmeister-Pokalsieger mit Real Madrid (1957, 1958, 1959). Europas Fußballer des Jahres 1958. Mit Stade Reims vier Mal französischer Meister (1953, 1956, 1960, 1962), mit Real Madrid zwei Mal spanischer Meister (1957, 1958).

Rudolf Jozef **Krol**, genannt „Ruud Krol". Verteidiger. Holte mit Ajax Amsterdam unter anderem drei Mal nacheinander den Europapokal der Landesmeister (1971, 1972, 1973). 83-maliger niederländischer Nationalspieler. Unterlag zwei Mal hintereinander im WM-Finale den Weltmeistermannschaften, 1974 gegen Deutschland und 1978 gegen Argentinien.

Nia Tsholofelo **Künzer**, Fußballweltmeisterin 2003. Jeweils sieben Mal deutsche Meisterin und Pokalsiegerin sowie dreimalige UEFA-Cup-Siegerin mit dem 1. FFC Frankfurt. Autorin des Buches *Warum Frauen den besseren Fußball spielen*.

Stefan **Kuntz**. Ausgebildeter Polizist und Stürmer. Wurde 1991 der erste deutsche Fußballer des Jahres, der nie zuvor in der Nationalelf debütiert hatte. Europameister 1996. War damals Lieblingsspieler der englischen Band The Lightning Seeds („Three Lions"), weil sein Name, auf Englisch ausgesprochen, an einen Terminus aus der Gossensprache erinnert. Sohn des Bundesligaspielers Günter Kuntz (Borussia Neunkirchen). Wurde 1990 Pokalsieger und 1991 Meister mit dem 1. FC Kaiserslautern. Zweimaliger Torschützenkönig der Bundesliga.

Diego **Latorre**. Offensiver Mittelfeldspieler. Spielte den größten Teil seiner Karriere bei Boca Juniors in Buenos Aires, war aber auch in Italien, Spanien und Mexiko aktiv. Holte 1991 mit Argentinien die Copa América. Wurde nach dem Ende seiner aktiven Karriere einer der angesehensten TV-Fußball-Experten Südamerikas, unter anderem bei ESPN.

Michael **Laudrup**. Dänischer Weltklasseregisseur. Debütierte bei Brøndby BK und wurde in Italien (bei Lazio Rom und Juventus Turin) nie so glücklich wie in Spanien, wo er beim FC Barcelona und bei Real Madrid spielte. Ging zum Ende seiner Karriere nach Japan (Vissel Kobe) und Holland (Ajax Amsterdam). Gewann 1985 mit Juventus den Weltpokal und mit dem FC Barcelona 1992 den Europapokal der Landesmeister.

Gary **Lineker**. Torjäger und Meister der Fußball-Aphorismen. Unter anderem Schöpfer des Satzes: „Fußball ist ein einfaches Spiel: 22 Spieler jagen hinter einem Ball her, und am Ende gewinnt immer Deutschland." Begann seine Karriere bei Leicester City – dem Klub seiner Geburtsstadt – und wechselte über den FC Everton zum FC Barcelona, Tottenham Hotspur und Nagoya Grampus (Japan). Gewann mit Barcelona den spanischen Pokal und den Europacup der Pokalsieger; mit Tottenham einen FA Cup. Bester Torschütze der WM 1986.

Jari **Litmanen**, finnische Mittelfeldikone. Wechselte 1992 von Myllykosken Pallo zu Ajax Amsterdam und beerbte dort Dennis Bergkamp. Gewann mit Ajax unter anderem die Champions League, den Weltpokal (1995) und vier niederländische Meistertitel. Zog 1999 weiter zum FC Barcelona, FC Liverpool, FC Lahti, Hansa Rostock, Malmö und Fulham, ehe er 2012 die Karriere in Finnland ausklingen ließ. Spielte in vier verschiedenen Jahrzehnten für die finnische Nationalelf.

Bixente **Lizarazu**. Linksverteidiger der französischen Weltmeistermannschaft von 1998. Gewann mit Frankreich auch die EM 2000. Spielte bei Girondins Bordeaux, Athletic Bilbao, Bayern München und Olympique Marseille. Passionierter Surfer. Gewann mit den Bayern sechs Bundesligatitel, die Champions League und den Weltpokal (jeweils 2001).

Antonio **Maceda**, in den 1970er und 1980er Jahren Verteidiger des asturischen Kultklubs Sporting de Gijón. Wechselte 1985 zu Real Madrid, verbrachte aber wegen einer schweren Knieverletzung, die er bei der WM 1986 als spanischer Nationalspieler erlitt, drei seiner vier Vertragsjahre im Krankenstand. Musste dann seine Karriere beenden.

Rabah **Madjer**, genannt „die Hacke Allahs". Afrikas Fußballer des Jahres 1987 und Albtraum deutscher Abwehrreihen. Erzielte das 1:0 beim 2:1 Algeriens gegen Deutschland bei der WM 1982, und war beim 2:1-Sieg des FC Porto im Landesmeisterpokalfinale von 1987 gegen den FC Bayern der Schütze des Tores zum 1:1. Wäre fast vom FC Bayern verpflichtet worden. Trug nie dessen Trikot, aber für ein Foto eine Trachtenhose.

Felix **Magath**. Einer der begnadetsten Spielmacher Deutschlands. Holte mit dem Hamburger SV drei deutsche Meisterschaften (1979, 1982, 1983), einen Landesmeister-Pokal (1983) und einen Europacup der Pokalsieger (1977). Wurde 1980 Europameister. Gab das Rauchen zur Unzeit auf – und verlor deshalb wenige Monate vor der WM 1982 sein Kampfgewicht. Erreichte dennoch das WM-Finale, wiederholte diesen Erfolg vier Jahre später. Galt als Trainer als „Schleifer". Wurde als solcher unter anderem deutscher Meister – mit dem FC Bayern (2005, 2006) und dem VfL Wolfsburg (2009).

Márcio Amoroso dos Santos, genannt **„Márcio Amoroso“**. Neffe des berühmten Botafogo- und Fluminense-Stürmers Amoroso („Ich habe drei Lieblingsklubs: Botafogo, Fluminense und jeden Klub, der gegen Flamengo spielt.“). Márcio Amoroso spielte trotzdem für Flamengo Rio de Janeiro – und ein Dutzend weitere Klubs in Japan, Brasilien, Spanien, Italien, den USA und Deutschland, wo er mit Borussia Dortmund eine deutsche Meisterschaft gewann (2002). Er gewann 1995 auch die Copa Libertadores mit dem FC São Paulo. 19 Länderspiele für Brasilien.

Márcio Roberto dos Santos, genannt **„Márcio Santos“**. Brasilianischer Verteidiger, Weltmeister 1994 in den USA, Sieger der Copa América 1997 in Bolivien. Spielte in Brasilien (u. a. bei Internacional, FC São Paulo, Botafogo, Atlético Mineiro, FC Santos), in Italien (Fiorentina), in den Niederlanden (Ajax Amsterdam), Frankreich (Girondins Bordeaux) und China (Shandong Luneng).

Lothar **Matthäus**. Kapitän der deutschen Weltmeistermannschaft von 1990. Nahm zwischen 1982 und 1998 an fünf Weltmeisterschaften teil. Gewann 1980 sein erstes internationales Turnier: die EM in Italien. Spielte bei Borussia Mönchengladbach, Bayern München, Inter Mailand und MetroStars New York und holte zahlreiche internationale Titel. Wurde 1990 als Europas Fußballer des Jahres mit dem Ballon d'Or ausgezeichnet.

Iomar do Nascimento, genannt **„Mazinho“**. Brasilianischer Weltmeister von 1994. Mittelfeldspieler, unter anderem in Spanien bei Celta de Vigo. Vater zweier bedeutender Fußballprofis: Rafinha, der brasilianischer Nationalspieler wurde, und Thiago, der für sein Geburtsland Spanien spielte und mit dem FC Barcelona und dem FC Bayern die Champions League holte.

Steve **McManaman**. Englischer Nationalspieler. Spielte beim FC Liverpool, dem größten Klub seiner Geburtsstadt, feierte seine größten Erfolge bei Real Madrid, ehe er seine Karriere bei Manchester City beendete. Wurde unter anderem zwei Mal Champions-League-Sieger (2000, 2002) und spanischer Meister (2001, 2003) mit Real Madrid. Holte mit Liverpool einen FA Cup (1992).

Erik **Meijer**. Niederländischer Stürmer. Spielte in zwölf verschiedenen Klubs, darunter Bayer Leverkusen, FC Liverpool, Hamburger SV und Alemannia Aachen. Gewann mit PSV Eindhoven den niederländischen Pokal (1995). Heute Taktik-Experte bei Sky.

Gaizka **Mendieta**, Pokalsieger mit dem FC Valencia (1999), League-Cup-Gewinner mit dem FC Middlesbrough (2004). Spanischer Nationalspieler, unter anderem bei der EM 2000 und der WM 2002. Später Trainer, Kommentator und DJ.

César Luis **Menotti**. 1978 Trainer der argentinischen Weltmeistermannschaft. Grandioser Spieler, noch besserer Coach und Fußballphilosoph: „Ein

Tor muss ein Pass ins Netz sein." Als Spieler argentinischer Meister mit Boca Juniors (1965) und Meister der Regionalmeisterschaft des Bundesstaats São Paulo mit dem FC Santos (1968). Führte auch Huracán zum argentinischen Titel (1973).

Predrag „Pedja" **Mijatovic**. Wurde 1998 Held der „Séptima", wie der siebte Sieg Real Madrids im wichtigsten Vereinswettbewerb der Welt – der Champions League – in Spanien genannt wird. Zuvor Spieler bei Partizan Belgrad und dem FC Valencia, danach bei Fiorentina in Italien und bei UD Levante in Spanien aktiv. Nach dem Ende seiner Karriere Manager bei Real Madrid – und damals treibende Kraft hinter der Verpflichtung von Cristiano Ronaldo.

Diego **Milito**. Spielte bei Racing de Avellaneda – dem Erzrivalen des Klubs seines Bruders Gaby Milito, Independiente de Avellaneda. Errang seinen größten Erfolg mit Inter Mailand, als er mit zwei Finaltoren gegen den FC Bayern den Sieg in der Champions League herbeiführte. Später Manager bei Racing de Avellaneda.

Fernando **Morientes**. Spanischer Nationalstürmer, unter anderem bei der WM 2002. Dreimaliger Champions-League-Sieger mit Real Madrid (1998, 2000, 2002). Zweimaliger spanischer Meister – und FA-Cup-Sieger mit dem FC Liverpool.

Gerd **Müller**, „Bomber der Nation". 365 Bundesligatore für den FC Bayern und sieben Mal Torschützenkönig der Bundesliga. Viermaliger deutscher Meister und Pokalsieger, dreimaliger Landesmeister-Pokalgewinner mit dem FC Bayern. Weltmeister 1974 und Europameister 1972. Schoss 68 Tore in 62 Länderspielen.

Günter **Netzer**. Kam „aus der Tiefe des Raumes", wie ein Feuilletonist der *Frankfurter Allgemeinen Zeitung*, Karl Heinz Bohrer, in einem Essay schrieb. War nicht nur ein begnadeter Regisseur bei Borussia Mönchengladbach, mit dem er 1970 und 1971 Meister wurde, sondern auch bei Real Madrid und der deutschen Nationalelf (wurde 1972 Europa- und 1974 Weltmeister). Betreiber der legendären Gladbacher Disco Lovers Lane. Später unter anderem Manager beim Hamburger SV. 1972 und 1973 Deutschlands Fußballer des Jahres.

Steve **Nicol**, unter anderem vier Mal englischer Meister, einmal FA-Cup-Sieger und Champions-League-Sieger mit dem FC Liverpool. Schottischer Nationalspieler und WM-Teilnehmer 1986. Englands Fußballer des Jahres 1989.

Nuno Miguel Soares Pereira Ribeiro. Stürmer der portugiesischen Nationalmannschaft. Dreimaliger EM- und zweimaliger WM-Teilnehmer. Titelgewinner mit Boavista FC, Benfica und Fiorentina. Nahm zu Ehren seines Jugendidols Fernando Gomes den Künstlernamen **„Nuno Gomes"** an.

Augustine Azuka Okocha, genannt **„Jay-Jay Okocha“**. Begnadeter Dribbelkünstler aus Nigeria, der bei Eintracht Frankfurt zu großem Ruhm kam. Spielte auch für Fenerbahce Istanbul, Paris Saint-Germain und Bolton Wanderers. 1996 Goldmedaillengewinner bei den Olympischen Spielen von Atlanta / USA.

Edson Arantes do Nascimento, genannt **„Pelé“**. Dreimaliger Weltmeister mit Brasilien (1958, 1962, 1970). Ewige „Nummer 10“ der brasilianischen Nationalelf und des FC Santos. Laut Fifa erzielte er 757 Pflichtspieltore, das Guinness Book of Records schrieb ihm 1279 Treffer gut. Er selbst zählte 1282. Laut Menotti zusammen mit Di Stéfano, Johan Cruyff, Maradona und Messi einer der fünf besten Fußballer der Geschichte.

Jean-Marie **Pfaff**, belgischer Weltklassetorwart, dessen Name „klingt wie eine Ohrfeige“ (Literaturnobelpreisträger Mario Vargas Llosa). Legte sich bei seinem Bundesligadebüt für den FC Bayern einen Einwurf von Uwe Reinders ins eigene Tor. Wurde dennoch Bayern-Legende, auch wegen seiner Single „... jetzt bin ich ein Bayer“, mit dem Text: „Ich war ein Belgier und jetzt bin ich ein Bayer / Ich trinke Bier und esse Leberkäs mit Eier.“ Wurde 1979 mit Beveren belgischer Meister, in den Jahren 1985, 1986 und 1987 mit dem FC Bayern deutscher Meister.

Michel **Platini**, dreimaliger Europas Fußballer des Jahres. Europameister mit Frankreich (1984) und Landesmeisterpokal- und Weltpokalsieger mit Juventus Turin (jeweils 1985). Von 2007 bis 2015 Präsident der europäischen Fußballunion UEFA.

Mauricio **Pochettino**. Wurde als Jugendlicher vom argentinischen Meistertrainer Marcelo Bielsa entdeckt. Bielsa klingelte nachts an der Tür seines Elternhauses und bat die Eltern, sich die Beine des schlafenden Jungen ansehen zu dürfen. Das Urteil: Fußballerbeine. Debütierte bei Newell's Old Boys in Argentinien, spielte sieben Jahre lang für Espanyol Barcelona (1994-2001), später bei Paris Saint-Germain, Girondins Bordeaux und wieder bei PSG. Wurde 1991 mit Newell's argentinischer Meister. Als Trainer betreute er Espanyol, Southampton, Tottenham Hotspur, PSG und Chelsea. WM-Teilnehmer 2002.

Carles **Puyol**. Mentalitätsverteidiger des FC Barcelona und der spanischen Nationalmannschaft. Holte unter anderen drei Champions-League-Titel mit dem FC Barcelona (2006, 2009, 2011), eine WM (2010) und eine EM (2008) mit Spanien.

Roberto Carlos da Silva, genannt **„Roberto Carlos“**. Einer der besten und spektakulärsten Linksverteidiger der Geschichte. Gewann zwei Copas América (1997, 1999) und wurde 2002 Weltmeister. Spielte bei Atlético Mineiro, Inter Mailand, Real Madrid, Fenerbahce, Corinthians São Paulo, am Ende in Russland und Indien. Gewann unter anderem drei Champions Leagues, allesamt mit Real Madrid (1998, 2000, 2002).

Michael **Robinson**. Stürmer und versierter TV-Kommentator in Spanien. Wurde von seinem Chefredakteur Alfredo Relaño immer nach England geschickt, wenn er anfing, zu sauber Spanisch zu sprechen. Spielte bei Preston, Manchester City, Brighton & Hove Albion, FC Liverpool, Queens Park Rangers und Osasuna. War irischer Nationalspieler, obschon er in England geboren worden war.

Ricardo Roberto Barreto da Rocha, genannt **„Ricardo Rocha"**. Brasilianischer Verteidiger. War einer der Kapitäne der brasilianischen WM-Mannschaft von 1994. Verletzte sich schon im ersten Spiel des Turniers. Spielte fast ausschließlich in Brasilien – unter anderem bei Guarani, Vasco da Gama, Fluminense, Flamengo –, aber auch bei Real Madrid in Spanien und Newell's Old Boys in Argentinien.

Franz **Roth**, genannt „Bulle". War „stark wie eine Muh", sagte Bayern-Trainer Tschick Čajkovski 1966. „Das heißt in Bayern Bulle und nicht Stier oder Kuh oder Muh", antwortete Torwart Sepp Maier. Hatte damit seinen Spitznamen weg. Holte unter anderem einen Pokalsiegercup und drei Landesmeisterpokale.

Oscar **Ruggeri**. Argentinischer Weltmeister von 1986, zweimaliger Sieger der Copa América (1991, 1993) und 1991 Südamerikas Fußballer des Jahres. Spielte bei Boca Juniors, River Plate, Vélez Sarsfield, San Lorenzo, Real Madrid und América de México.

Leonel **Sánchez**. Bester Linksaußen der Geschichte Chiles. Teil des „Blauen Balletts", der besten Mannschaft von Universidad de Chile. Galionsfigur des chilenischen Sturms bei der WM 1962. Sohn eines Preisboxers. Knockte in der „Schlacht von Santiago" den italienischen Verteidiger Mario David aus. Gilt seither als der einzige Fußballer, der sich vor einem Spiel nicht nur die Knöchel, sondern auch das Handgelenk bandagieren musste.

Roque **Santa Cruz**. Landete 1999 beim FC Bayern, nachdem er 1997, als 16-Jähriger, bei Olimpia Asunción in Paraguay sein Profidebüt gefeiert hatte. Wurde Publikumsliebling und Titelheld eines Liedes der Sportfreunde Stiller: „Ich Roque". Spielt auch mit weit mehr als 40 Jahren noch erste Liga – in Paraguay.

Carlos Alonso González, genannt **„Santillana"**, weil er in Santillana del Mar geboren wurde. Spielte 17 Jahre lang bei Real Madrid – und galt dort als Kopfballungeheuer. Holte mit Real Madrid unter anderem zwei UEFA-Pokale (1985 und 1986) sowie zahlreiche nationale Meistertitel.

Javier **Saviola**, genannt „El Conejo", zu Deutsch „das Kaninchen". Debütierte als 16-Jähriger bei River Plate und spielte in einigen der besten Klubs Europas: bei Benfica, dem FC Barcelona, Sevilla, Real Madrid, Málaga, Olympiakos Piräus, AS Monaco, Hellas Verona. Wurde 2004 an der Seite von Lionel Messi mit Argentinien Olympiasieger.

Lionel **Scaloni**. Wurde als Trainer 2022 mit Argentinien Weltmeister. Hatte nur Nachwuchsmannschaften trainiert, als er 2018 das Amt übernahm. Als Aktiver spielte er bei Newell's Old Boys, Estudiantes de La Plata, Deportivo La Coruña, West Ham United, Racing Santander, Lazio Rom, RCD Mallorca, Atalanta Bergamo. Wurde 2010 mit Deportivo spanischer Meister.

Aldo **Serena**. Zusammen mit Christian Vieri der einzige Spieler, der die Derbys in Mailand und Turin für alle vier beteiligten Klubs bestritten hat (Inter Mailand, AC Milan, Juventus, Torino). Wurde mit Juventus, Inter und AC Milan italienischer Meister. UEFA-Cup-Gewinner 1991. Italienischer Torschützenkönig 1989.

Paulo Sérgio Silvestre do Nascimento, besser bekannt als **„Paulo Sergio"**. Weltmeister 1994 mit Brasilien. Spielte bei Corinthians, Vasco da Gama, Novorizontino, Bayer Leverkusen, AS Roma und Bayern München. Wurde mit Bayern zwei Mal deutscher Meister (2000, 2001) und Champions-League- und Weltpokal-Sieger (2001).

Simão Pedro Fonseca Sabrosa, genannt **„Simão"**. Begann seine Karriere bei Sporting Lissabon, wurde aber mit dem Lokalrivalen Benfica Meister. Gewann mit Atlético Madrid die Europa League (2010). Zweimaliger WM-Teilnehmer mit Portugal. Portugals Fußballer des Jahres 2007. Spielte auch beim FC Barcelona, Besiktas, Espanyol Barcelona und NorthEast United (Indien).

Mikaël **Silvestre**. Französischer Nationalspieler und WM-Teilnehmer (2002, 2006). Viermaliger Meister und Champions-League-Sieger (2008) mit Manchester United. Spielte auch bei Stade Rennes, Inter Mailand, FC Arsenal, Werder Bremen, Portland Timbers (USA) und dem indischen Verein FC Chennaiyin.

Juan Pablo **Sorín**, genannt „Juampi Sorín". Ehemaliger Kapitän der argentinischen Nationalmannschaft, unter anderem viermaliger Meister, Copa-Libertadores- und Copa-Americana-Sieger mit River Plate – und Intertoto-Cup-Sieger mit dem Hamburger SV.

Uli **Stielike**. Mittelfeldspieler und Libero. Spielte bei Borussia Mönchengladbach (1973-77), Real Madrid (1977-1985) und Neuchâtel Xamax (1985-1988). Gewann mit allen Mannschaften den nationalen Meistertitel. Wurde vier Mal zum besten ausländischen Profi der spanischen Liga gewählt – und „el tanque" gerufen, „der Panzer". Mit der deutschen Nationalelf Europameister 1980, mit Gladbach (1975) und Real Madrid (1980) UEFA-Cup-Sieger.

Hristo **Stoichkov**. Schoss mit der bulgarischen Nationalmannschaft Deutschland aus dem WM-Turnier 1994. Spielte bei ZSKA Sofia, FC Barcelona, AC Parma, al-Nassr (Saudi-Arabien), Kashiwa Reysol (Japan) und Chicago Fire (USA). Gewann den „Goldenen Schuh" für den besten europäischen Torschützen des Jahres 1990; wurde 1994 zu Europas Fußballer des Jahres gewählt. Holte unter anderem mit dem „Dream Team" des FC Barcelona den ersten Europapokal der Landesmeister der Vereinsgeschichte (1992).

Luis Suárez Miramonte, genannt „Luisito **Suárez**". Einziger Spanier, der jemals den Ballon d'Or erhielt – den „goldenen Ball", mit dem Europas Fußballer des Jahres ausgezeichnet wird (1960). Spielte damals beim FC Barcelona. Wird in Italien fast noch mehr verehrt als in der Heimat. Spielte in Italien bei Inter Mailand und Sampdoria Genua. Gewann mit Inter zwei Europapokale der Landesmeister (1964, 1965), mit dem FC Barcelona zwei Messepokale (1958, 1960). Europameister mit Spaniens Nationalelf (1964).

Davor **Šuker**. U20-Weltmeister mit der Auswahl Jugoslawiens, WM-Dritter 1998 mit Kroatien. Debütierte bei NK Osijek und wechselte über Dinamo Zagreb nach Spanien, wo er seine erfolgreichste Zeit erlebte – beim FC Sevilla und vor allem bei Real Madrid. Spielte beim FC Arsenal, bei West Ham United und am Ende sogar für 1860 München. Wurde 2012 Präsident des kroatischen Fußballverbandes.

Lilian **Thuram**, französischer Weltmeister 1988. Schütze der beiden Halbfinaltore des damaligen WM-Turniers. Vater von Marcus Thuram, der unter anderem bei Borussia Mönchengladbach spielte, und Antirassismus-Aktivist.

Eduardo Gonçalves de Andrade, genannt „**Tostão**". Einer der „fünf Zehner" der brasilianischen Weltmeistermannschaft 1970. Galt als der erste „weiße Pelé". Musste seine Karriere wegen eines Augenproblems aufgeben. Wurde danach Augenarzt – und einer der hellsichtigsten Kommentatoren der Zeitung *Folha de São Paulo*.

Christopher **Trimmel**, langjähriger Kapitän und „Hütehund" der besten Mannschaften der Geschichte des 1. FC Union Berlin. Rechtsverteidiger und Standardkönig.

Jorge Alberto **Valdano.** 1986 Weltmeister mit Argentinien. Weltklassestürmer. Kennt den Fußball aus allen erdenklichen Perspektiven. Als Fan, als Profispieler, Trainer und Manager bei Real Madrid, als TV- und Radioexperte, als Fachbuchautor, Herausgeber von fiktiven Fußballerzählungen. Einer der größten Fußballdeuter überhaupt.

Carlos **Valderrama**, genannt „El Pibe". Kolumbianischer Regisseur mit markanter Frisur. Unter anderem Kapitän der kolumbianischen WM-Mannschaften 1990 und 1994. Spielte in Kolumbien (u. a. bei Millonarios, Junior de Barranquilla und Independiente Medellín), Frankreich (Montpellier), Spanien (Real Valladolid) und den USA (u. a. Tampa Bay Mutiny).

Francisco **Valdés**, genannt „Chamaco". Kapitän einer der besten Jahrgänge des chilenischen Traditionsklubs Colo-Colo – und der chilenischen Nationalmannschaft, die an der WM 1974 in Deutschland teilnahm. War im Jahr seines Todes (2009) noch der erfolgreichste Torschütze der chilenischen Liga.

Marco **van Basten**. Niederländischer Nationalspieler – und Teil der mutmaßlich besten Mannschaft des AC Milan der Geschichte. Zweimaliger niederländischer, dreimaliger italienischer Meister. Gewinner des Pokalsiegercups mit Ajax Amsterdam (1987) und des Landesmeisterpokals mit dem AC Milan (1989, 1990). Europameister 1988.

Ricardo Julio **Villa**, genannt „Ricky Villa". Weltmeister 1978. Wechselte danach zu Tottenham Hotspur – und wurde dort zusammen mit einem weiteren argentinischen Weltmeister, Osvaldo Ardiles, zum absoluten Klubidol – und blieb es auch nach dem Krieg um die Falklandinseln von 1982.

Rudolf **Völler**, besser bekannt als „Rudi Völler". Als Spieler 1990 Weltmeister von Rom, als Trainer WM-Finalist 2002. Spielte bei Kickers Offenbach, 1860 München, Werder Bremen, AS Rom, Olympique Marseille und Bayer 04 Leverkusen. Gewann 1993 in München die Champions League mit Olympique Marseille.

George Tawlon Manneh Oppong Ousman **Weah**, besser bekannt als „George Weah". Erster Afrikaner, der den Ballon d'Or gewann, die Auszeichnung für Europas Fußballer des Jahres (1995). Hatte seine erfolgreichste Zeit bei AS Monaco, Paris Saint-Germain und AC Milan. Wurde 2018 zum Präsidenten seines Heimatlandes Liberia gewählt.

Marc **Wilmots**. Als Teil der »Eurofighter«-Mannschaft, die 1997 den UEFA-Cup gewann, absolute Legende auf Schalke. Schoss im Finalhinspiel gegen Inter Mailand das 1:0, verwandelte im Rückspiel (0:1) im Elfmeterschießen den entscheidenden Elfmeter zum Sieg. Führt auf Schalke den Ehrennamen „Willi, das Kampfschwein". Nahm mit Belgien zwischen 1990 und 2002 an vier Weltmeisterschaften teil. Wurde 1989 mit KV Mechelen belgischer Meister.

Xavier Hernández Creus, genannt **„Xavi"**. Regisseur der spanischen Nationalelf, die 2008 und 2012 den Europameistertitel und 2010 in Südafrika die WM-Trophäe gewann. Holte 32 Titel – darunter vier Champions-League-Titel (2006, 2009, 2011, 2015).

Iván **Zamorano**, genannt „Bam Bam“. Chilenischer Stürmer und einer der besten Kopfballspieler der Geschichte. Wurde auch „Helicóptero“ genannt, weil er einen beeindruckenden Luftstand hatte. Spielte in Chile (u.a. Cobresal), in der Schweiz (St. Gallen), in Spanien (Sevilla und Real Madrid), in Italien (Inter Mailand) und Mexiko (Club América). Beendete seine Karriere bei Colo-Colo. Holte mit Real Madrid eine spanische Liga (1995) und 2002 mit América die mexikanische Liga.

José Roberto da Silva Júnior, genannt **„Zé Roberto“**. Brasilianischer Nationalspieler und Methusalem. Spielte noch weit nach seinem 40. Geburtstag in der ersten brasilianischen Liga. Unter anderem Meister mit Real Madrid, dem FC Bayern, FC Santos und Palmeiras. 1998 Champions-League-Sieger mit Real Madrid.

Arthur Antunes Coimbra, genannt **„Zico“**. Auch bekannt als „der weiße Pelé“. Schoss mehr als 500 Tore. Gehörte der besten brasilianischen Generation an, die nie Weltmeister wurde – vor allem der WM-Mannschaft von 1982 um Sócrates, Júnior, Éder. Spielte in Brasilien bei Flamengo, Udinese Calcio (Italien) und in Japan bei Kashima Antlers. Führte Japan als Trainer zur WM 2006.